京をあつめて

丹所千佳

ミシマ社

JN199041

はじめに

京都で生まれ育って高校までを過ごし、大学進学で東京へ、そのまま社会人になって計七年ののち、ふたたびの京都暮らしも十年近くになりました。大人になってから再会した京都は、十代のときよりおもしろく、奥深く、楽しいです。

空が広くて、大きな川が流れて、およそあらゆる道に名前がついていて、独自の言葉を持ち、いろんな国の言語が聞こえてくる、この街が好きです。季節のコントラストがくっきりしているかと思えば、あわいを味わわせてくれる。

日常のそのときどきで心惹かれるもの、好きなもの、なにかしらの縁があったものなどを、一つひとつ拾い集めるようにして綴った、これはその四年間の断片です。

拾い集めるなかでこぼれ落ちるものもたくさんで、書いていないことや書けなかったこともあります。毎年、同じようなことを書いていたりもします。

四年というのは短いのか長いのか、さみしいことに、今はもうない場所も少なくありません。それでも、基本的にはすべてそのまま残しました。もう二度と行けないとなるとなおさら、記しておいてよかったなと思うのです。

日々はどんどん流れていきます。流れて忘れていく、忘れたくない。覚えていたい。それはもしかしたら他愛のない、とりとめのない、どうってことない、取るに足らない、ささやかで慎ましいことで、だからたやすく忘れていってしまうのであって。だけどそんなものが、とりかえしのつかない、かけがえのないことなんでしょう?

明日を思うことだけではなく、今日を忘れないことも、きっと希望。この街で暮らす今日という日を、京都のさまざまを、好きでいたいと思います。なくならないように。たとえ、いつかなくなってもいいように。

小さなかけらを集めてあつめて、ときどき取り出しては眺め、またそっと戻す。その繰り返しです。

思えば、生業《なりわい》としている編集という仕事も、集めることです。集めて編んで、人から人へ、届けようとする。時にそれは瓶に入れた手紙を海へ流すことと似ているのかもしれません。読んでほしい人がいる。きっとこれを望んでいる人が。手を離れてしまえば、果たしてそこへ届くかはわかりません。この本も同じです。

それでも、読まれますようにと願って、集めて、書いて、投げ入れます。たどりついた先で、その人にとっても好きな京都が見つかれば、それはとてもうれしいことです。

京をあつめて　目次

Ⅰ・2014.3〜2015.2

Ⅱ. 2015.3〜2016.2

Ⅲ・2016.3〜2017.2

Ⅳ. 2017.3～2018.2

本書は、「みんなのミシマガジン」（mishimaga.com）に
「よろしな。　京のあれこれ、都のあちこち」と題して
2014年3月から2018年2月まで連載したものを再構成したものです。
また、本文内に登場するお店などの情報は、連載執筆当時のものです。

I.

2014.3～2015.2

春を探して

２０１４．３

この世は春。

と言いたいけれど三月はまだまだ寒く、北国の人にも雪国の人にも「京都のほうが寒い」と言われるくらいの底冷えをうらみつつ（だけどそんな寒さも嫌いになりきれない）、明けない夜がないように、終わらない冬もないわけで、日に日に春へと近づいていくのはこの世の理《ことわり》。紅梅のつぼみがふくらんで、枝まで紅《あか》く染まりそう。満開ばかりが花やないです。

春芽ふく樹林の枝々くぐりゆきわれは愛する言ひ訳をせず

中城ふみ子（『乳房喪失』）

「猫の恋」は春の季語だそうですが、人間がこの季節にわずらうのは恋よりも花粉症です。苦しみから逃れようとクスリに頼っても、それはそれで副作用がしんどく、日によってはもう進むも地獄退くも地獄、この世は修羅かと思います。春は修羅。

それでも、やっぱり春が好き。

日差しがまばゆいと、うっかり「わーい、今日はあったかいんや！」とまちがえます。だけどそんなのはぬか喜びにすぎず、実のところ風は冷たく気温は低く、舞う花びらかと思えばそれは雪で、まさに風花と納得しつつ、騙し討ちされたみたいな気持ちになるのでした。「〽春は名のみの」とはうまいこと言わはるわ、ほんまそれ。と、「早春賦《そうしゅんふ》」が頭をよぎります。風の寒さや。

日差しはあたたかいのに寒いの、なんやけったいな。ルネ・マグリットの絵《光の帝国》が脳裡《のうり》をよぎります。昼なのに夜で、あったかいのに寒くて。どんなに寒くても、日が長くなってくると、春は近いなと思います。夕方になってもまだ明るい。

休日、惰眠《だみん》を意欲的にむさぼりがちな身にはめずらしく早く、お昼前くらいから外に出ると、ついあっちゃこっちゃ出歩きたくなります。あたたかい場所を心得ている猫のように、光合成する植物のように、身体はおのずと光の射すほうへ向かいます。ひなたばかりを選んで歩く。そうして春を感じながら、春を探します。

二年前の春、六十五年の歴史に幕を下ろす活版印刷所に行ったことを覚えています。東山にあるその工場で最後に開かれたフリーマーケットでは、たくさんの放出品が。お花を摘むみたいに夢中になって活字を拾っていると、「桜」の字を見つけて、思わず手にしたのでした。明るい陽光に照らされた活字たちがきらきらしていたことを、たぶんずっと忘れない。

「春の庭は良い」と書いて、かすていら。大極殿本舗のカステラは「春庭良」なのです。ぽっかり黄色いこのお菓子は、一年中買うことができるけれど、たしかに春にふさわしい。カステラがハイカラだった時代を思います。添え書きにある「100年召しましてもあきない菓王と信じます」の一文に惚れる。

こちらのお店の甘味処・栖園《せいえん》の名物は、月替わりの琥珀《こはく》流し。これまで一〜三月はお休みだったのですが、今年から新登場。三月はほのかにニッキの香るココア味。ひんやりした寒天にサクサクの茶色いあられ、その上に淡雪と菜種きんとんが載って、春先の野のようでした。

お花見には三色団子。「花より団子」だなんて、失敬な。「花も団子も」であるべきです。人生には両方必要。どっちもすばらしいので。

冬が寒いほど、春がうれしい。

青、黒、銀、金

2014．4

ある春の一日。

青

網中いづるさんの個展「青々」を見に、メリーゴーランド京都へ。

ギャラリーに入るとまさに春爛漫《らんまん》といった色の絵が目に飛び込んできます。踊るような色に心も浮き立ちながら、それでも足は自然と視界の右端にある青いかたまりに向かいます。個展の案内状に使われている、その絵に惹かれてやってきたのでした。

美しいものは、呼ぶ。その前に立ちたいと思う。そこへ行きたいと思います。

いつまでも、その絵の前にいられるような気がしました。カラフルなほかの作品に比べると、色も構図もシンプルです。青い、と思う。その青にもいろいろあって、黒に近い夜のような紺《こん》、鮮やかな空色、ターコイズがかった碧《あお》など、青の見本帖さながら。そんな青い部屋に、片肘をついて座る少女と、白い猫がいます。少女は黒髪のボブで、白いスリップドレスに朱色のタイツ、黒いバレエシューズ。と言葉を連ねても、この絵の魅力を伝えられるはずもないのですが。

ともかくその絵はわたしの心を奪ったのでした。心奪われるというのは、その絵の中に自分の一部が入ってしまうような感覚。そして自分の中にもその絵を取り込んだような気持ちになります。美しさを、血肉として。

黒

北白川のギャラリー、ブラックバードホワイトバードへ。回転ドアのようにダイナミックな動きをする大きなガラス戸を押して入る。東ちなつさんの個展「THE LITTLE BLACK JUMPER」。

ココ・シャネルのTHE LITTLE BLACK JACKETならぬ、JUMPERが似合う、「強くて奇妙でやさしい女の子」がたくさん。青い目と薔薇色の頬の彼女たち。鼻の頭には虹が描かれています。髪の長さや色はバラバラですが、みんな黒い服を身にまとっています。かっこいい黒もあれば可憐な黒もあるし、気の強い黒もあれば儚《はかな》げな黒もある。みんなかわいい、女の子は誰でも。

服には、さまざまな言葉が書かれています。「DREAMING」「Teenage Kicks」「SAD STORY」「Lemon Tea」エトセトラ。意味深な言葉も他愛のない言葉も、すべては彼女たちのものなのでした。

銀

白川疏水のそばにある、銀月アパートメントへ。

大正時代に建てられたアパートメントのこの季節の主役は、なんといってもしだれ桜です。イメージよりも白っぽい（と実物を見るといつも思う）ソメイヨシノの桜色より、ずっと濃いピンクの花びらが、降るように咲いています。

その桜を今日は室内で愛《め》でるのです。窓のすぐそばに桜がたゆたう二階の一室で美しいマダムが開く、銀月桜茶会。

シャンパン風のジャスミンティーソーダ、桃の蜜の香りのお茶、蘭のように華やかな烏《ウー》龍《ロン》茶、最後は薔薇の花びらを浮かべたお茶でしめくくり。花開くように、香りが部屋中に広がっていきます。何煎も何煎もお湯が注がれ、それでもいつまでも淡く香り続けるお茶を飲む時間は、心地よい白昼夢のようでした。

あたたかさに、刻々と開いてゆく花々。お茶会の終わるころ、それはほとんど満開になっているのでした。

金

岡崎疏水沿いのタンドリーチキン屋さん、セクションドールへ。店名は黄金比率という意味です。タンドリーチキン屋さんとは何か、と思われるでしょうか。このお店で供される料理はタンドリーチキンただ一つなのです。

金色のテーブルにつくと、小さな木箱を渡されます。開くとそれはメニューなのだけれど、前述のようなわけなので、中に書いてある料理は一つだけ。迷う余地はありません。こちらとしても、タンドリーチキンを食べる腹づもりでここへ来たのです。迷う理由はありません。「これをください」。

「黄金比率」のタンドリーチキンというのは、スパイスの配合や焼き加減のことなのでしょう。その名に偽りなし。付け合わせというには贅沢に盛られた焼き野菜もおいしい。それからパンも。鶏、野菜、パン、鶏、野菜、パン、鶏……と美味スパイラルが止まりません。お皿の上のゴールデントライアングル。

こうして、ある春の一日は過ぎてゆきます。春の色、いろいろ。

若葉の月

2014.5

五月は、まばゆい。

桜と紅葉が京都の二大人気シーズンであることに疑いの余地はないのだけれど、新緑だってなかなかどうして、すばらしいです。

新緑の季節、すなわち五月。五月を讃《たた》える詩歌なら、いくらでも思いつく。「五月の唄」ジャック・プレヴェール。「われに五月を」寺山修司。「五月礼讃」与謝野晶子。片山廣子の「或る国のこよみ」では、それは世界の青春と呼ばれます。萩原朔太郎が「ふらんすへ行きたしと思」ったのも五月だったのでした。

五月　　　萩原朔太郎

私の大好きな五月
その五月が来ないうちに
もしかして死んでしまつたら

ほんの気まぐれの心から
河へでも身を投げたら
もう死んでしまつたらどうしよう
私の好きな五月の来ないうちに

萩原朔太郎、どんだけ好きなん五月のこと！

でも、その気持ちはよくわかります。鴨川に床《ゆか》が出て、南座は五月大歌舞伎で、先斗《ぽんと》町《ちょう》では鴨川をどり。そんないかにも京都らしい風情はもちろん、ただ外を歩くだけで、存分に五月を感じることができる。光、ひかり、ひかり、緑、みどり、風、光、緑、みどり、光、風。

だいたいが桜だって紅葉だって、わざわざお花見だの紅葉狩りだのと行かなくたって、おむかいの家やら通学途中の一角やらで充分に楽しめるものでした。

たとえば今だって通勤電車の窓から見える、燃えるような輝くような木々の、緑はあっと声を上げそうになるくらい。ちょっと、新緑、すごいやんか。発光しているのかと思うほど、きらきらしている。そりゃあこんな、生命力の塊みたいな魂みたいなんだから、植物が光合成するくらい、わけないんでしょう、人間かてできそうやわ、とよくわからないことが頭をよぎったりします。

新緑の季節は、新茶の季節でもあります。寺町二条の喫茶室・嘉木《かぼく》でお茶をいただく。店員さんに教わって、自分で淹れて飲みます。

新茶の色は明るい。その淡さを裏切るほどに鮮烈な香り。それでいて喉ごしはさっぱりしています。二煎、三煎と淹れてはいただくうちに、香りや風味がうつろうことそれ自体が味わいなのだと思いました。飲み終えて急須の蓋をそっと開けてみると、開ききった葉がぎっしりと肩を寄せ合っています。お茶は葉なんだ。わたし新緑を飲んだように清々しい。

寺町通を御所に向かって歩いていて、不意に目線を上げると街路樹が一点透視図法よろしく整列、横断歩道の真ん中で見とれました。つきあたりの御所もまた、森のように木が連なって。昼日に透かす葉も、夕闇に沈んでいくシルエットも、飽きることなく見ていられます。

新茶といえば、紅茶もなのです。ファーストフラッシュと呼ばれるそれは、紅茶ももとをたどれば緑茶と同じ木の葉なのだという味がします。青々としている。

紅茶の新茶を求めて、今はなきホテルフジタ京都の跡地にできたリッツカールトンでアフタヌーンティー。惜しみなく注がれる紅茶の幸せなこと。サンドイッチやマカロンの小さくて色とりどりの姿は、和菓子にも似ています。「ちょっとずつ、いろいろ」は、幕の内弁当のようでもありました。

乙女心といふものを

2014.6

女子と京都は相性がいい。「乙女　京都」と検索してみれば、そのような情報があとからあとから出てきます。女性誌でも京都特集は手堅いテーマ。

では、男子と京都は。「京女」という言葉はあるけれど、「京男」はあまり聞きません。でも、男性にとっても、すてきな京都はあるはず。あるいは、いわゆる「女性的」とされるものを、男性が好んだっていいはずです。それに、よきもの、楽しいこと、おいしいものに、結局は女も男もないはず。

現代日本において、女性はスカートもパンツ（ズボンのほう）も穿《は》きたいほうを選べるけど、男性がスカートを穿くのは今のところ現実的には難易度が高いようです。だけど京都はスカートじゃない。あまりに多義的な「かわいい」という概念、そのオールマイティーさで他の追随を許さない「かわいい」という言葉、大いなる市民権を得た「かわいい」という価値観、今や世界の「kawaii」、かわいいは誰もにひらかれている。乙女心といふものを、男もしてみむとして。

たとえば、和のかわいさ。どこか北欧を思わせるポップでモダンなテキスタイルを使った衣類や布小物が並ぶＳＯＵ・ＳＯＵ。その喫茶部門ＳＯＵ・ＳＯＵ在釜《ざいふ》では、二十四節気を描いたテキスタイルに着想を得た和菓子（亀屋良長謹製）が、月替わりでいただけます。お好みでお抹茶かコーヒーをご一緒に。六月は「夏至」。夏らしい葛饅頭《くずまんじゅう》の中に、口どけのよい梅あんとこしあんが入っています。雲みたいなまるっこいフォルムが愛らしく、中身がうっすら透ける様子が涼しげ。

寺町夷川《えびすがわ》のプティ・タ・プティも、オリジナルのテキスタイルがすてきです。老舗や骨董のお店が多い寺町通に似合いの町家に、パリの屋根裏部屋のような内装が不思議となじんでいます。「レ・モンターニュ」と名づけられた山並みのテキスタイルは、京都のようにも、フランスのようにも、あるいは故郷や旅先など、見る人にとって大切な風景を思い起こさせます。「偶然は遠く離れた人をも巡り合わせる」というフランスのことわざにちなんでいるのもロマンチック。

アイテムはブローチや日傘、ポーチ、ノートなど豊富です。男性客の多くはプレゼントを探しに訪れるようですが、自分のものを選ぶ方も少なくないとのこと。汗ばむ陽気の日に、ハンカチを「すぐ使います」とさっと買っていった男性がいたというしゃれた出来事もあったそうです。

ロマンチックな贈り物といえば、お花。同じく寺町通に本店のあるお花屋さんプーゼは、色合いのセンスがすばらしい。このお店のアイコンともいえる、全体に細いリボンがあしらわれたアレンジメントは、贈った方に喜んでもらえること請け合いです。贈るのもうれしいし、贈られるのはそらうれしい。以前、七十代の紳士にこちらのアレンジメントを贈ったとき、このお店のもう一つの特徴であるアンティーク調の色合いのお花をとても気に入っていただけたこと、今も覚えています。

モロッコ+フランス料理店のジャジューカは、かっこよさ多めのかわいさにときめきます。赤や緑の壁にカウンターの差し色はピンク、という配色なのにうるさくない。おしゃれなのだけど、おしゃれなあまり落ち着かないということはなく、居心地がいいです。なぜか懐かしいような気もして、異国情緒と郷愁。店内に配されたブロカントやヴィンテージ雑貨や旅先のスーヴニールは、こまごまとしていながら統一感があって。

ひとりでも（おひとりさま用コースが用意されています）、気のおけない友人と来ても、もっと仲良くなりたい人を誘ってもいい。品数豊富なメニューを充分に吟味して、あれもこれも食べたい悩ましさと隣り合わせの、好きなものを選べる幸せ。

「うちにしてはファンシーかも」と店主が一言添えたサラダは、たしかに可憐。キュウリとミントと炙《あぶ》った帆立《ほたて》に、あしらわれたお花もムシャムシャ。メインのタジンは、お肉と野菜のうまみが溶け合って増して、満腹満足。

何にときめくか、何をおいしいと感じるかは人によって違うけれど、ときめきもおいしさも、すべての人にひらかれています。

ザ・祇園祭！

２０１４．７

七月は祇園祭の月。

というのはレトリックではなくて、事実、七月のまるまる一か月が祇園祭なのです。有名なのは十七日の山鉾巡行《やまほこじゅんこう》やその前日、前々日の宵山《よいやま》だけれど、七月一日の吉符入《きっぷ》りに始まり、くじ取り式、お迎え提灯、神輿《みこし》洗い、鉾建て、曳《ひ》き初め、宵宮祭《よいみや》、と続きます。そうして、山鉾巡行で清められた町を御神輿がめぐる神幸祭《しんこう》と還幸祭《かんこう》、これが本当の本番。三十一日に茅《ち》の輪をくぐって厄除《やくよ》け完了です。

六月のうちから、町はそわそわ。鉾町ではお囃子《はやし》が聞こえてきます。飲んだ帰りなどに四条通を歩いていると、どこからともなく祇園囃子。アーケードのＢＧＭとして流れる音源かと思えば、生演奏なのでした。お囃子練習中。

はじまる、と思う。夏のはじまり。

ちょうど梅雨明けと重なり、暑い盛り。日が落ちてもなお蒸す夜は、祭りに浮かされたようでもあります。宵山に決まって降る夕立は、そんな気持ちを鎮めるかのごとく。

祇園祭、昔はさして興味がありませんでした。高校の授業で祇園祭のフィールドワークがあったけれど、特に熱中するようなこともなかったのです。それが一度外に出てふたたび京都へ戻ってきて数年、突如、情熱の炎燃ゆ。宵山と巡行は当たり前、神幸祭はもちろん、神輿洗いや宵宮祭などまで見にいきます。鉾の謂《いわ》れや見どころをおさえ、各山鉾の手ぬぐいを買い集め、祇園祭のお菓子を食べます。ちょうど会社の夏休みがとれる時期なのをいいことに、平日の日中でもさほど支障なく「祇園祭態勢」に。

宵山では、思いがけない人やずっと会っていなかった人に不思議と遭遇します。幻だったかもしれないけど、現《うつつ》と幻の違いなどさしたるものではないという心地。浮世のものではない人や、人ならざるものがいてもおかしくない。「夜の夢こそ真」と江戸川乱歩は言ったけれど、夢の中にいるような夜でもあります。

家に帰ってもまだ祇園囃子が聞こえるような気がして、何かに似ていると思えばそれは海水浴のあと耳に残る潮騒《しおさい》なのでした。ことに浴衣で出かけた日なら下駄を脱いだ足の裏がフカフカしていて、それもまた海からあがったときのようです。

そして翌朝、通りを悠然と山鉾がゆく。二〇一四年の二大話題は、百五十年ぶりの大船鉾の復活と、半世紀ぶりの後祭《あとまつり》の復活です。鉾を飾る懸装品は、豪華絢爛《けんらん》。琳派《りんぱ》や応挙や栖鳳《せいほう》の意匠、船来の織物。動く美術館と言われる所以です。トロイ戦争が描かれたタペストリーが極東の古都にあるとは、かの地の人は誰か想像したでしょうか。

変遷はあれど、千年以上の昔から今も続いているということを思うと、静かな感動でみたされます。街並みの変化に比べて、山や鉾の姿のなんと変わらないことか。伝統が、変わらないことが無条件に偉いわけではないけれど、現代のさまざまな移り変わりの速さを思えば、やはりそれはすごいことやといわざるをえません。

ビルが建ち並ぶあいだを動く山鉾を見ながら、この営みがとてもとても長い時を重ねてきたことを不意に実感します。電信柱は網で覆われ、信号機は折りたたまれる（そのような仕様になっているのです）。京都で一番の繁華街、目抜き通りの信号が。祭りのために街がある。一年に一度のこの月のために、街が作られている。そんなところにもグッとくるのです。巡行のあと、何事もなかったみたいに元に戻っている様子も、この祭りとこの街の底力を物語っているように思えたのでした。

千年前から、続けられてきたお祭り。壮麗な山鉾でもって厄を祓おうとした古《いにしえ》の人々の思い、そこに込められた祈りの強さや願いの真摯さ。会ったこともない、会うことが絶対にかなわない人々も、同じものを見ていた。そう思うと、胸が熱くなります。今ここがすべてではない、ということが信じられる。この街を好きな理由と同じ。そしてそのことは、今ここで懸命に生きるということとなんら矛盾しないのでした。

夏の日、夏の灯

暦の上では立秋が過ぎて、台風一過で、残暑お見舞い申し上げます。
いつからか台風が来る時期が早くなって、「二百十日」なんていう言葉もしだいに通じなくなっていくんでしょうか。
それでも夏は夏らしく、蝉はうるさいくらいに鳴いているし、百日紅《さるすべり》は青空に焦がれるように咲いているし、まぎれもなく夏だ。

２０１４．８

夏は、かっかと暑くてさっと涼しい風が吹いて、ごろっぴかりと雷さまがおこって、叩きつける夕立があがると、大きな虹が七彩の夢をかけわたして見せる、といった季節である。だから人間は、ざんぶと青い海へ飛びこんで潮の花を浴び、やたらに高い山に駈けあがって霊気とかを吸ってみたくなる。すべて大胆に、冒険的に、颯爽とありたい季節なのである。

（幸田文『番茶菓子』）

かように夏は、八月は、にぎやかでエネルギーがありあまっている感じがします。空や花の鮮やかな色に惹かれて、それに負けないようなサマードレスを着てみたりします。レモンイエローとマリンブルー。

季節の便りを書いてみたくなったりもします。鳩居堂《きゅうきょどう》やROKKAKUではがきやカードを見ていると、筆まめな人に憧れるのですが、さっぱり長続きしません。季節感を考えると使える時期がごくかぎられる、大文字の送り火の五十円切手が好きで、何枚か買いだめしてはいるのですが。

エネルギッシュな反面、死をもっとも思うのも夏です。弛緩《しかん》した白昼はすごく死に似ています。なにもかもが緩慢で、焼けたアスファルトを焦がす濃い影、ぴくりともそよがない木々。七十年近く前に大勢の人が亡くなった（殺された）という事実も、私はそれを直接体験してはいないけれど、そう思わせるのかもしれません。

亡くなった人が帰ってきてまた戻ってゆくのも、この季節。儚いものも八月にお似合い。花火もお祭りも地蔵盆もあんなに華やかでにぎやかでわくわくするのに、どこか幻めいているのはなぜでしょう。子どものころは果てしないほど長く思えた夏休みだって、今やあっけないものです。

この街では、十六日に五山送り火があります。京都駅ビルの大階段や、見晴らしのいい場所にあるレストランやホテルなんかはずいぶんとはりきってはるようだけれど、小さい時分から見ている人間としては、そういう感じじゃないんです。夜の八時を過ぎたころ、晩ごはんも食後の西瓜《すいか》も食べ終えて、「そろそろやね」と言いながら家族で表に出て、眺める。そういうものでした。

同じ夜、広沢の池では、灯籠流《とうろうなが》しが催されます。そうやって精霊を送るんだって。たよりなく水面をただよう灯りは、それ自体がもうこの世のものなのかどうなのか。

燃やすほどしずまりますか魂は見えなくなるまでじっと見ている

それでも秋は深まって

2014.9

夏は好きでも暑いのは苦手なので、夏が去るのはさほどさみしくもなく、涼しくなるのすばらしい、熱烈歓迎！

今年は秋の気配を感じるのが早く、ほっと一息ついていたのに、そうあっさりとはいかず、いくばくかの残暑はまだしばし。そんな日は、行く季節を惜しむようにかき氷を食べたくなります。

シロップは巨峰を選んで、秋の雰囲気も味わいたい。夏のなごりと秋のはしり。どんどん小さくなる氷山の終盤、葡萄《ぶどう》の実が出てきて、うれしくなります。最後まで飽きずに食べられるかき氷は善。お店の空調は控えめ、お冷も冷たすぎず、食後にあたたかいお茶をいただけて、かき氷を食べるのに最適化された環境です。夏は氷屋になる菓子・茶房チェカの自家製かき氷でした。

日中はまだ汗ばむこともある今の季節、それでも秋は深まって、朝晩の空気や触れた水の冷たさに、もう夏ではないとの実感がわく。季節はいつも指先が一番に知るのです。

哲学の道沿いにある法然院《ほうねんいん》で、mama!milk の演奏会「ときのあとさき」。お寺の方丈庭園を背景に、アコーディオンとコントラバスが響き合う。赤い蛇腹《じゃばら》が麗《うるわ》しくなまめかしくうねり、弓がしなり弦が歌う。畳に敷かれた座布団の上、さんかく座りでじっと聴きます。規則正しく響く鹿《しし》おどしも、思い出したように鳴く蝉の声も、刻々と変わりゆく光も、すべてが音楽となって空間を統《す》べるのです。

どこでもない国の音楽。まだ観ぬ映画のサウンドトラック。それでいて、切ないほどの郷愁をおぼえます。音とはつまり空気の震え。だからでしょうか、必ずしも比喩としてだけではなく、聴いている人間の心や身体をも揺さぶるのかもしれません。歩くように弾かれるコントラバス、踊るように奏でられるアコーディオン。聴き惚れて、見惚れる。そして、特別な中にも特別な瞬間が訪れます。魅入られたように動けなくなって、没入、忘我の境地。

音楽とは過ぎゆく時間のことでもあります。いつのまにか、黄昏《たそがれ》から夜へ。鳴く声は蝉から秋の虫に。昼間の日差しは暑くとも、乾いた空気や涼しい風が心地よくて、夜ともなればそれはもう。夏から秋へ、季節はたしかにうつろっている。

九が重なる重陽《ちょうよう》の節句は、菊の節句。春の桜の季節にも訪れた銀月アパートメントの中国茶会へ、ふたたび。菊のつぼみにお湯を注ぐお茶からはじまって、茉莉花《ジャスミン》に金木犀《きんもくせい》と、お花のお茶をいただきます。茉莉花は夏の花だけれど、ジャスミンティーは今が新茶の季節なのだそうです。あと数週間もすれば、町には金木犀の香りが流れ出すのでしょう。かぎや政秋の「野菊」というお菓子は、その名前にふさわしく落ち着いた色合い。小さな秋を一つつまんで口に含むと、思いがけずアーモンドの風味が広がります。
重陽の節句の前夜、菊の花に真綿をかぶせ、夜露を含んだそれで身体をぬぐう、被綿《きせわた》。不老長寿を願って行われるその慣わしといえば、思い出すのはこの物語です。

首筋から鎖骨のくぼみ、うなじ、肩の貝殻骨、腋の下、と、綿をかえながらぬぐい、ことさら豊かに露をふくんだ綿を、ひそかな胸のふくらみの上においた。内からはずむ力の手ごたえがあった。(中略)指のあいだまでことごとくぬぐい終わったとき、すべてのきせ綿を使い捨てつくしていた。

(皆川博子『妖恋』「十六夜鏡」)

時はおそらく江戸時代、菊作りに熱中する隠居した男は、ある月の夜に不思議な幼子と出会います。重陽の節句の朝にまた会おうという約束は果たされる。どきどきするほど色っぽく秘めやかな儀式。

鴨川に水は流れて、誰もみな踊る

2014.10

秋の日、おだやかに流れる川沿いを歩くにはうってつけの日。

嵐電沿線で生まれ育った身としては、大きな川といえばまずは嵐山の大堰川《おおいがわ》なのですが、鴨川にも充分な親しみを抱いています。

川のある街はいい。街中に川があるのは幸いです。一番の繁華街、四条河原町からも、ものの数分歩けば川があります。

ひと休みする人あり、語らう人あり、寝る人あり。読書する人、楽器を演奏する人、大道芸をする人、集団で踊る人。特に何もしていない人。思い思いに過ごす人々。日中、河川敷でものを食べるときはトンビに気をつけて。奴ら目ざとく、油揚げじゃなくてもさらわれるおそれがありますので。

水の流れは、ただただぼーっとするのも、思索に潜っていくのも、許してくれます。夏の床も九月の末にはしまわれて、南を向けば京都タワー、北を仰げば山並みが。空にも水面にも鳥がいます。散歩中のフサフサした犬の君も、きっと気持ちがよかろう。

荒神橋《こうじんばし》の東にある、カフェ・ミュラーへ行きました。ドイツのアーティスト・イン・レジデンス、ヴィラ鴨川にあるカフェは、料理はもちろん、インテリアもカトラリーも照明もサウンドシステムもドイツ尽くしでした。ランチタイムが終わったあとだったからなのか、ずいぶん空いていて、穴場です。

バイエルン地方の白ソーセージ、ヴァイスヴルストとライ麦パンで小腹を満たしました。ソーセージに添えられたザワークラウトとチャツネみたいなマスタードが、ジューシーでしっかりした味のお肉と合う。

カフェ・ミュラーといえばピナ・バウシュ。二〇〇九年に急逝した類稀《たぐいまれ》なるダンサー、振付家の舞台を直に見ることはついぞ叶いませんでした。たぶん初めて見たのは『春の祭典』の映像で、ありきたりな言い方だけれど、衝撃を受けました。

伸び縮みしてぶつかりあう身体は「肉体」、いっそ「肉塊」と呼ぶのがふさわしい生々しさで、時に暴力的と言っていいほど。まず浮かんだ感情は恐怖でした。それから不安。しかし、たしかにそれは美しい。美しかったのです。今までに知らない種類の美しさを見ているると思いました。生命力ではりつめた魂の容れ物としてフルに機能している身体。『カフェ・ミュラー』は、椅子とテーブルで乱雑に埋められた薄暗い舞台で、人々が踊ります。椅子を倒したり、身体もまた倒れたりしながら、踊る。固有の動詞をまだ与えられていない動きを彼らはします。ダンスというよりむしろ舞踏、暗黒舞踏のほうが近しいのではないかと思う瞬間もあります。地を這《は》い、立ち上がれずに立ち上がろうとするところから始まる舞い。

ほかの演目やドキュメンタリー映画を見て、ユーモアや爽快さを感じることもあるのですが、第一印象があまりに強くて、今でもピナ・バウシュの作品といえば反射的に「怖い」と思います。その怖さは、嫌な感じではないのですが。

ところで京都のカフェ・ミュラーは広々としていて、昼の自然光が全面のガラス扉から入って明るい。ザワークラウトを食《は》みながら、「次はドイツワインを飲んでみたい、ロンネフェルトの紅茶とアップルシュトゥルーデルもいいなぁ」などと呑気に考えているうちに、あたりは薄暗く。十月の日暮れは存外早く、つるべ落としなのでした。

丸太町の橋のたもとから、鴨川のほとりへ。鴨川の名物のように言われる、等間隔に並ぶつがいの群れも、このあたりにはいません。そもそも人けがあまりなくて、犬の散歩をする人とたまにすれ違うくらいです。

すっかり暗くなって、木々はシルエットと化しています。よく見えない分、川の気配を感じられる気がします。涼しいのと肌寒いのとちょうど真ん中くらいの風に身ひとつをさらしていると、すぐそばに水が流れていることの安心感がひたひたとこみあげてくる。

暗闇を歩いていると、不思議と心が落ち着きます。今からまだ、どこへでも行けるし、行かなくてもいい。少しばかりの心細さはあっても、圧倒的に自由だと思うのです。心許ないからこそ、自由なのだと思う。怖がらないで踊ってごらん。映画の中でピナ・バウシュは言っていたよ、「Dance, dance, otherwise we are lost」。流れる水のそばを歩きながら、いつだって踊りを続けよう、と思うのでした。

小さきもの、愛らしきもの

２０１４．11

高度経済成長期、「大きいことはいいことだ」というＣＭがあったといいます。「大は小を兼ねる」などと申します。しかし、それよりはるか昔、平安の時代、清少納言はこう書きました。

雛の調度。蓮の浮き葉のいとちひさきを、池よりとりあげたる。葵のいとちひさき。なにもなにも、ちひさきものはみなうつくし。

——お雛さんの小物。蓮の浮き葉のほんまにちっさいのを、池からとりあげたん。葵のえらい小さいのん。なんもかんも、小さいもんはぜーんぶ、かいらし。

ようわかる。小さくてかわいいもの、たくさんあります。

たとえば宮川町・裏具のぽち袋。一般的なそれよりさらに小さい（細い）。お札が四つ折りで入ります。さらに小さい、五百円玉がちょうど入るサイズもあります。

骨董・箒星《ほうきぼし》で掘り出した豆本（函《はこ》入り！）。今はなきいくつかの着物屋さんで買い集めた帯留。ギャラリーアンフェールで見つけた、指先に乗るほどの小箱にお花が入っているやつ（用途は不明だが飾ればよい）。シール。おちょこ。箸置き。マッチ箱。フェーヴ。

小さくてかわいいもの大好き。

たとえば和食の先付。一口で食べてしまえそうな、そこに注がれた手間ひまにいつも感嘆するのです。クロッシェの京あめ（「アール・デコ」「シェルブールの雨傘」など名前もよい）。パティスリーエスのエスカルゴは、原材料がバター、小麦粉、砂糖、以上。潔い美味に敬意を表し、指でつまんで一つ、また一つ。鍵善良房《かぎぜんよしふさ》の菊寿糖《きくじゅとう》、緑寿庵清水の金平糖、するがや祇園下里の大つゝ。

小さくておいしいもの大好き。

ヴィンテージガラスやフローライトの原石を使ったnichinichiのピアス。レトロビルの雑貨店アブコに行くたびに集めていたのは、ニューヨークのジュエリーデザイナー、マーブのイヤリングや指輪。つけているとどこのものか聞かれることの多い、アンティークのレースで型をとったCocoaの指輪は、三条柳馬場のグリグリにて。ウサギノネドコで一目惚れした鉱石、青いのと紫の。それから、もう、とうにどこかにいってしまったけれど、天神さんの縁日で買ってもらったガラスの小さな動物たち。

小さくてきらきらしているもの大好き。

小さいね爪の先まで　二度とこんなふうに小さくはなれない　小さいね

東直子（「短歌研究」二〇一一年五月号）

小さい人には、無限にも思える未来がある。その小ささは可能性の塊。同時に、小ささに人は郷愁を見るのかもしれません。かつて自分もそうであったところの、二度と返らない、失われたもの。いとおしみながら、少し切なくなるのでした。

小さいものが弱いとはかぎらず、その小ささゆえに大事にしよう、守ろう、という気持ちが生まれることがあります。声の大きい人が正しいわけでも勝つわけでもなくて、かすかだからこそ耳を澄ませて聴こうとされる声もきっとあるはずだと思います。いえ、そうでなくては。

小さきものは、愛らしきかな。

京都のパン

２０１４．12

全都道府県で京都はひとり当たりのパンの消費量一、二を争うといいます。その永遠のライバルである兵庫（神戸）ならいざしらず、京都にパンのイメージを持っている方はどのくらいいらっしゃるのか。

たしかに、京都の街を歩けば、しばしばパン屋さん。あたらしもん好きの一面も持つこの都の人々は、昔からパンに親しんでいたようです。喫茶店が多いとされる理由と同じく、自営業の人が多いから、手軽に食べられるパンが重宝されるとの説もあるみたい。

ともかく、おいしいパンは、うれしいもんです。今、思いつくまま、羅列します。学生時代から好きな、ボンボランテ、フリップアップ、今はなきhohoemi（のキャラメルラスクは、ひつじドーナツに現存）。カフェコチの、オレンジレーズンのパンのフレンチトーストが好き。二号店アネではクロックムッシュをいただきます。

柳月堂ならくるみパン。ある夜、閉店間際の厨房でおじいさんがヴァイオリンを弾いていたの、あれ夢だったのか、なんやったんやろう。

予約でほぼ売り切れるという（予約したといって分けてくれた友達は、どーんと一斤買っていた）ベイカリー白川の食パンは、白くてきめ細かくて美しい。末富《すえとみ》のカフェのあんぱんは、餡が主役。高貴なあんぱん。全粒粉好きの身としては、パンスケープは外せない。クロワッサンも全粒粉で、新しい境地。

京都三大製パン所であるところの、まるき、大正、天狗堂海野。ハムロールやカレーパン、クリームパン。どれもなつかしい、近所にあるとうれしいパン屋さん。京都のそこここにある街のパン屋さん志津屋は、看板商品カルネとホワイトキャラメルロールを思い出したように食べたくなります。

そして外すことのできないル・プチ・メック。クロワッサンもサンドイッチもハード系もデニッシュ系もおかずパンもおやつパンも食べたい。元祖・今出川の赤メック、烏丸御池の黒メック、大丸地下のプチメック、もうすぐできるという新しいお店は何メックになるんでしょう。

まだ行けていないけれど、訪れてみたいパン屋さんも増えていきます。開店当初、不定休で幻のパン屋と化し、今は人気で売り切れ次第終了のために幻のように感じられる、鞍馬口のチップルソン。週に二日、夜にだけオープンするＭＡＩＰＡＮ。水曜と第一土曜のみ営業、しかも午後三時半には閉店というジェムルブルー。難易度が高い。

それから、レストランで食べるパン。それだけで主役になるようなパンもいいけれど、意外と印象に残るのはお料理の引き立て役に徹するパンだったりします。かつて堀川今出川の南西角にあったブラッスリー、小屋。モロッコやフランス、タイやウイグルなど多国籍料理のエスカピ。パンがおいしければ料理もおいしいのは言わずもがなです。

パンの思い出。毎月一回、ある会を一年ほど開催していたことがありました。メロンパンならいろんなお店のメロンパンを買い集めて食べる、という会。クリームパン、クロワッサン、カレーパン、食パン、あんぱんなどオーソドックスなパンを十二種類十二か月。一回あたりの個数は五〜八個くらい、三人で分けて食べるのでものすごく多いというわけではないのだけれど、バター、クリーム、あなどるべからず。楽しくも（おなかが）苦しいパンの会でした。

メロンパンのことを京都（関西？）ではサンライズとも呼びます。ラグビーボールのような両錐型《りょうすいけい》で白餡の入ったメロンパンがあるからでしょうか。サンライズは幼少期の好物で、自分の顔より大きい円いパンに果敢にかぶりつく写真が多数残されております。

今は亡き大正生まれの祖母の話によると、パンのことを人々は昔「餡なし饅頭」と呼んでいて、したがってあんぱんは「餡入り餡なし饅頭」だったのだ、とのこと。本当なのか、ごく一部での呼び名だったのか、それとも祖母のたわむれだったのでしょうか。

一月の美味、冬のごちそう

2015．1

二〇一五年はじまっています。未年《ひつじ》なので、羊肉の料理や羊乳のチーズを食べました。おともにはジャムと蜂蜜。

アポリネールの動物詩集が好きなのですが、手持ちの新潮文庫版に「羊」はありません。代わりに「チベット山羊」を。訳は堀口大學。

この山羊の毛も　そしてまた
ジャソンがあのように難儀して
たずねまわった金の羊毛も
何のねうちもないほどです
僕がぞっこんほれこんだ
あの髪の毛にくらべたら

ちなみに、鼠《ねずみ》（二十日鼠）、牛（牡牛）、兎（野兎、家兎）、蛇、馬はいます。鶏はないけど、鳩や孔雀《くじやく》はあります。

七草粥《ななくさがゆ》を模した和菓子を食べました。七草の道明寺の中には金柑と白餡。上には二十日大根。お菓子の台紙にもなっている、「大根かぶら」と題されたテキスタイルから着想されています。SOU・SOU在釜、今年の月替わり和菓子は「野菜」がテーマとのこと。

ガレット・デ・ロワを食べました。フォークを刺す音も耳に心地よい、バターたっぷりのサクサクしたパイとアーモンドのクリーム。中に忍ばされた小さな陶器、フェーヴが当たった人は「王様」になれます。ホールを切り分け食べたところ、友人が戴冠しました。ル・プチ・メックのはパン屋さんらしく、グラン・ヴァニーユのはケーキ屋さんらしく、どちらもおいしゅうございました。

寒い日はあたたかいものが恋しくなります。恋しいというか、切実に欲するレベル。鍋や椀物、シチューやスープはもちろん、グラタンもそれに次ぐあったか料理としての実力を兼ね備えていると気づき、積極的に摂取したい冬です。

栗《あわ》ぜんざいは、冬にうってつけのおやつ。いくつかのお店でいただきましたが、今のところ月ヶ瀬のが一番好きです。待つこと十数分、運ばれてきたそれを、猫舌もなんのその、はふはふと口に運ぶうれしさときたら。蒸したての粟をお箸ですくうときのプチプチという音もまたごちそうです。なめらかでさらりとしたこしあんの、うっすらと紫がかった色の美しいこと。添えられた塩昆布、かつては特に必要としなかったそのありがたみに、大人になったと思います。

飲み物ならば、スパイスたっぷりのホットワインことヴァンショーや、とろんとしていてなまめかしいホットチョコレート、ショコラショー。メニューに見つけたらだいたい頼みます。熱々のお抹茶も立派な冬の飲み物と思います。お茶碗に咲く梅で、少しだけ季節を先どり。

そんなわけでありまして、今年もおいしいものやゆかいなことがたくさんあるといいなと思います。

チョコレートの月

２０１５．２

「二月　虹を織る」と、「ケルトの古い言ひつたへかもしれない、或るふるぼけた本」で見たと教えてくれるのは片山廣子だけれど、そんなふうに描写されたらこの寒い季節が俄然すてきに思えるので、言葉とそれが喚起するイメージの力を感じます。全文は偉大なる青空文庫で読むことができます。「或る国のこよみ」を参照されたし。歌人でもあった彼女の作品の中に、やはり今の季節にぴったりのものを見つけました。

春たてとなほふる雪のさむければ花まちかほにうくひすのなく　　片山廣子

立春などおかまいなしに、何かの間違いで冷蔵庫、いや冷凍庫に放り込まれたのかと愕然と震える日もありますが、日差しだけなら春のそれを思わせる日もあり、たしかに鶯《うぐいす》の鳴く声が聞こえるような気がする二月です。

二月はチョコレート月間でもあります。昨年ついに市場としてはハロウィンに抜かれたというバレンタインですが、「チョコレートが溶けづらい」（重要）という点で、もっともチョコレートにふさわしい季節なのはたしか。

マリベルはまず水色のパッケージにどうしても胸をつかまれる。外も中も宝石箱のようです。祇園にできた二店舗目カカオマーケットは、アラブのスークを思わせるにぎやかな店内。加加阿《カカオ》365のエクレアは見た目も可愛い、おちょぼ口サイズ。木屋町サロン・ド・ロワイヤルで鴨川を眺めながら食べたチョコレートケーキは、なめらか、なめらか！ すっかり全国区になったらしいダリケーは原材料の調達から気合いが入っているし、ドゥーブルセットはボンボンショコラの種類が豊富で目移りします。

チョコレート屋さんのみならず、ケーキ屋さんのチョコレートも食べ逃せません。グラン・ヴァニーユのヌガティンヌフリュイセックは、ドライフルーツとナッツとチョコレートが三位一体のおいしさで瞬時に消え失せてしまうし、ビゾンフュテの、ものすごくおいしい「小枝」（森永製菓のお菓子のやつです）みたいなチョコレート（いつも名前がわからないまま買う）は食べる人を選ばず、お土産好適品です。

そんなふうに京都のチョコレートは実にいろいろありますが、ラ・メゾン・デュ・ショコラやピエールマルコリーニやジャン＝ポール・エヴァンといった、世界的なショコラティエのお店もほしい（路面店とはいいませんので。デパ地下でいい）というのが目下の願いです。といいつつ、京都生ショコラやベンチーニーなど、まだ行けていないお店も多々あるので、飽きることはなさそうです。今は、詩と洋菓子・ノーウェアマンのトリュフが届くのを待っているところ。

寒いときに食べるチョコレートは、糧という感じがします。口に含む。舌の上でゆっくりと溶かす。そうこうしているうちに雪も溶けて、二月は逃げて、あっというまに三月がやってくる。そういえば小さいころ、雛あられで一番好きだったのは、チョコでコーティングされているやつでした。

二十四節気で立春の次は雨水。雪や氷が溶けて、雨や水になる。そうして溶けて、土を潤す。七十二候では「土脉《つちのしょう》潤《うるおい》起《おこる》」といって、土が湿り気を含みだす時期だそうです。

Ⅱ．

2015.3～2016.2

美酒、喫茶

2015.3

三月は別れの季節でもあって、いきおい、酒宴も多くなる。お酒、さほど強くないし色上戸なんですけれども、好きです。

味を言葉で表現するのは難しく、お酒もその例に漏れません。定型句みたいなのがいろいろあるものの、それで言った気になったりわかったつもりにはなれない。いわんや薀蓄《うんちく》をや。言葉にすることでこぼれ落ちていくものが多すぎます（それでもついしてしまうのは、おいしさに感動するあまり、あるいは記憶のよすがとして）。

何はともあれ、おいしいことは、いいことだ。「舌が肥える」というけれど、おいしいものを知ることは（「味をしめる」！）、狭《せば》まることではなく広がることだと思います。こんなにおいしいものがあるんだ、こういうおいしさがあるんだ、と知るとき、とても自由な気持ちになっているから。

ことに日本酒は、これまでほとんど飲まなかっただけにその感が強いのです。きっかけは日本酒を愛する友人で、一献《いっこん》また一献と重ねるうち、門前の小僧になりました。花巴《はなともえ》、蒼空《そうくう》、紀土《きっど》、亜麻猫、美丈夫《びじょうふ》……と、名前もいいなあと思うし、ワイナリーが作った日本酒、赤米で作った日本酒などユニークなものもあれば、昔から変わらないものも。その土地で育まれたお米と水で作られたお酒は、風土を味わっているのだなあと思います。なにより、お米のお酒は、お米と食べる食事に合うのがいい。あったかくして飲めるのも、今みたいな季節にはうれしいものです。ウィスキーやリキュールなどの洋酒も好きなのですが、それについてはまたいつか。中〆に酒二首を。

わが胸の鼓のひびきとうたらりとうとうたらり酔へば楽しき　吉井勇
このおもひ真昼の夢と誰か云ふ酒のかをりのなつかしき春　与謝野晶子

お茶は以前から好きで、すでに何度か登場している銀月アパートメントの華やかな中国茶会は四季折々に、岡崎の好日居《こうじつきょ》でのお茶会はまた趣が異なって、じんわりと静かに豊かな時間を過ごせます。

先日は有斐斎《ゆうひさい》弘道館で催された「祥春菓祭〜春をよろこぶ空想茶会〜」へ行ってきました。老松《おいまつ》の太田宗達さん、郷土菓子研究社の林周作さん、御菓子丸の杉山早陽子《さよこ》さんによる、三者三様のお茶席を体験。それぞれ、「神仏習合以前の日本」「アゼルバイジャン」「雪どけ」がテーマに据えられた、多彩で自由で愉しい席でした。大きな茶碗を全員で回し飲みしたり、角砂糖を二粒入れる甘い紅茶を飲んだり、淡い白茶《はくちゃ》を味わったり。アゼルバイジャンの郷土菓子、シェチェルブラははじめましての味。カルダモン香る、食べごたえのあるお菓子でした。

味覚はもちろん、器に触れ、お茶の香りを存分にかぎ、サンスクリット語のお経が唱えられたかと思えばアゼルバイジャンの歌が流れ、雪どけ水の音が聞こえる、と耳も喜ぶ趣向がこらされています。

抹茶も紅茶も中国茶もハーブティーも好きです。緑茶ももちろん。番茶は普段使いの味。ほうじ茶はパンや洋菓子にも合う優等生。

お茶は淹れるのも好きで、ガラスのポットであれば、沸かしたてのお湯を勢いよく注がれた茶葉が上下に舞うのを見ているときのあの心地、何も考えずにいられるあの状態。春の日に、ひねもすのたりのたり、延々とお茶を飲んで過ごしてみたい。お茶を淹れては飲み、飲んでは淹れ。けだるく甘やかな一日になることでしょう。

ところで、無知をさらすことになるかもしれないけれど、「美酒」のようにお茶をたたえる言葉がないのはどうしてですか。「茶々を入れる」「へそで茶を沸かす」「お茶を濁す」といった慣用句はいくつか思い浮かぶのですが。

おしまいにお茶二首を。

ティ・カップに内接円をなすレモン占星術をかつて信ぜず

杉崎恒夫（『食卓の音楽』）

つっと走る痛みのような稲妻が遠ざかったらぬるめのお茶を

東直子（『春原さんのリコーダー』）

四月は微熱の季節

2015.4

四月は熱に浮かされる。

ぼーっと火照《ほて》るような心持ちで、浮き足立つ季節です。気温差や季節の変わりめによる体調不良や花粉症のせいもあるのかもしれませんが、桜も原因のような気がしています。木全体がうっすらと桜色をはなって今にもほころびそうなつぼみのころから、ついに花開き、日に日に満開となり、やがて散ってゆく一連の流れを、そわそわふわふわぽわぽわしながら見届ける。

京都の桜の季節は長く、不断桜、寒緋桜《かんひざくら》、しだれ桜、ソメイヨシノ、観音桜に歓喜桜、御衣黄《ぎょいこう》、紅しだれ桜や八重桜まで、なんだかんだ一か月くらいは続くのでした。遅咲きで有名な御室《おむろ》の桜が最後かと思っていたら、堀川沿いの遊歩道の、あれは里桜というのでしょうか、ぼんぼりみたいな桜がまだありました。花冷えの季節も過ぎて、お天気のいい日なら脱いだ上衣を手に持って、飽きず花を見上げます。

酒盛りのいわゆるお花見にはほとんど縁がなく（大体あれはほとんど花なんて見ていないじゃないか。桜の樹の下に似つかわしいのは、宴会よりはまだしも屍体《したい》のほうだと思います）、通学や通勤の途中、住宅街の見事な桜や電車の線路脇に咲いていたりするのを眺めます。休日ともなれば、延々歩きながら（自然、四月はよく歩く月となる）、時には立ち止まって、惚れ惚れとするのでした。部屋の中から眺めるのもよいものです。

電車の席に、花びらひとつ。青いシートにぽつんと涙のようにあるのを見つけました。遠くまで運ばれていく。

雨が降る日、新しい遊びを覚えました。散る桜の下にただ立っていること。ビニール傘に花びらがついていて、水玉模様になりました。

食べる桜もいろいろと。桜のワッフル、桜ミルクラテ、桜粥。イノダコーヒの桜のローザンヌは、パイ生地に桜餡やバタークリームでこっくり甘い。桜の形のチョコレートがさりげなく載っています。桜餅は断然、道明寺です。食べ終えた指先に桜の香が残るのが好き。

春は毎年やってくる。だけれども、今年の桜は一度きり。あと何度見られるのでしょうか。刻々と開いて散ってゆく花を前にしては、一瞬たりとも同じ時はないのだと思わせられます。満開であればあるほど、心をよぎるのは、静かに滅びゆくことを受けいれる、という感覚。

今年は雨が多くて気をもむことも多かったけれど、ようやっと微熱の季節も終わろうとしています。

遠くへ

2015．5

目的地までは小一時間、休日にしては早く起きて家を出たので終点まで寝て行こうと目論んでいたのだけれど、そのバスは鴨川べりを走るものだから、車窓の景色をつい眺めてしまって、眠れませんでした。

折しも五月、天気は晴れで、川面はきらきらと本当に音がするのじゃないかというくらいに光を拾っては放ち、放っては拾い。見惚れていると、気づけば鴨川が賀茂川になって、バスは山道へと入ってゆきます。窓の外は、疾走する緑。

大原へ。三千院や寂光院《じゃっこういん》、来迎院、勝林院、大原女《おはらめ》、赤紫蘇《あかしそ》などで知られるこの地へはるばるやってきたのは、人形を見るためです。かつて渋谷の公園通りの地下にあった人形の館「マリアの心臓」が、ここ大原の古民家に復活したと聞いて。

三千院へ向かう道の途中、小さな川のすぐそばに、その一軒家はありました。

「〈天翔ける歓喜のいやさか〉

花秘ずる四月、愈々人形の儚夢が蘇ります。

人と人形とが惹かれ合う瞬間。

その喜びの出会いをこの聖なる大原の里で語り合い、人形たちの魂の囁きに暫し耳を澄ませましょう。」

その言葉にたがわず、中に入ると、人形たちがひしめきあっています。市松人形、ビスクドール、文楽の人形、ぬいぐるみやこけしまで。多くは古いものです。長い時間を生きているひとがたたち。そして愛すべき球体関節人形。

人の形をしている者、異形の者。白い肌、長く絡まり合う髪、浮き上がった肋骨《ろっこつ》、歪《いびつ》な手足、縫い閉じられたヴァギナ、腹の中で白骨化した胎児、真っ赤な爪。

怖いと言う人もいるでしょう。「怖い」と「美しい」は時々とてもよく似ています。じっと見つめていると、心は、アリスが迷い込んだ部屋みたいに、どんどん広がっていくような気がします。天は高くなって、床は下がっていって、奥の壁も向こうへ向こうへ。二階へのぼって、さらに屋根裏のようなところへ上がります。梁《はり》や柱があるので、這うように進みます。そこここに、天野可淡《あまのかたん》の人形がある。三十七歳のとき突然の事故で命を絶たれた人形作家の作品たちは、たとえその悲しい最期を知らなくても、何か特別な空気をまとっているように感じられます。

特に印象的なのは眼で、前に初めて見たときから、その眼が忘れられません。虚空を見つめるまなざしに宿る色は、この世ならざるものです。どうしてそんな目をしているの、と思う。でもそれがたまらなく美しい。

不意に、導かれるように天井を見上げると、そこに《妖精》がいました。ここしかない、という場所に置かれている。《妖精》と名づけられたその人形は、じっとこちらを見つめてきます。目を逸らすことができず、しばらくそのままでいるしかありませんでした。

幻のような空間から外に出ると、とても明るい。建物の中と外、どちらが白昼夢なのか、一瞬わからなくなります。そういえば、「いやさか」ってなんだっけ。辞書を見ると、〈ますます栄えること。繁栄を祈って叫ぶ声。ばんざい。〉とありました。祈りの声は、届くでしょうか。

素朴な琴　　八木重吉

この明るさのなかへ
ひとつの素朴な琴をおけば
秋の美しさに耐へかね
琴はしづかに鳴りいだすだろう

美しいのは秋ばかりではありません。五月も静かに鳴りいだすでしょう。そうして声高らかに、歓喜を叫ぶでしょう。

ときどき遠くへ行くことは、とても貴いことです。妖しく危うく幻のような世界に時々ふれることで、日常を生きていける気がします。

六月は名ばかりの月

2015．6

水無月といいながら、雨の多い、冷たい水が心地いい、そんな季節です。あじさい日和、傘日和、雨がうれしい日もあります。

ある日の夕、驟雨《しゅうう》に閉じ込められて、畳にぺたんと座ってぼーっと外を眺めていました。傘をさす人、走り去ってゆく人。弱くなったかと思えばまた雨音は強くなり、雨が降っていても明るかった空が暮れてゆく、そのことを街灯のオレンジ色で知る、日が長いとはいえさすがに夜の七時になっていました。

ここはまぎれもなく日本なのだけれど、そこがたまたま台湾料理屋だからなのか、どこかアジアの知らない国にいるような気がしてきます。年々この極東の国も温帯から亜熱帯に近づいているみたいだから、まんざら錯覚でもないのかもしれません。

梅雨の晴れ間にここぞとばかり、渉成園《しょうせいえん》のエデン感。鏡のような池、こぼれる緑のむこうに京都タワーが見えます。

たっぷりと水をたたえた鴨川が鷹揚《おうよう》に流れるその岸辺で、雨上がりの涼しい風に吹かれてベンチに友達と二人並んで腰をおろし、しゃべったり、たまに黙ったり、またしゃべったり。犬の散歩、楽器の練習、シロツメクサを摘む、ボールを投げる、ジョギングする、いろいろな人がいます。

なにしろ狭い街なので、知っている人に会うことはめずらしくはないけれど、目の前を右から左へ、左から右へ通り過ぎていく人たちはみんな知らない人たちです。まったく知らない人が自分とは無関係にそれぞれの人生を生きているのだなぁと思うと、なんだか安心します。

夏が来れば思い出す、舌が覚えている、この季節に食べたい美味甘味。老松の夏柑糖。夏蜜柑、砂糖、寒天の潔さ。ふるんと輝く黄色がまぶしい。龜末廣《かめすえひろ》の婦くみづ。淡い翠色《みどりいろ》の箱の中に、同じ色した錦玉羹《きんぎょくかん》が入っています。書き添えてあった一文は、「時節柄冷してお召し上がり頂くと美味しいかと存じます」。この奥ゆかしさにも通じる、味というか淡い色、つまりは光を、味わうお菓子です。

和久傳《わくでん》の名物、西湖《せいこ》のいわば夏版であるところの希水《きすい》。笹の葉の移り香かおる目にも涼しい透明の、これは何より食感がごちそうだと思います。遊形《ゆうけい》サロン・ド・テのわらびもち。通年で食べられるけれど、夏の始まりの今が一番似合うような気がします。もっちりとしていながらも、華奢なお箸で切れるやわさの心地よさ。

それからそれから、鍵善良房の竹筒に入った水ようかん、大極殿・栖園の梅やペパーミントの琥珀流し、虎屋菓寮《とらやかりょう》の冷し白玉あずき、などなど。各種かき氷もスタンバイ。

そうしてもうすぐ晦日《みそか》には、三角のみなづき食べまひょ。三十日を待たずとも売っているお店も多いです。六月はみなづきの月。小豆《あずき》で悪いもん払って、氷に見立てた三角で暑気を払って、もう一年も半分で、あとまた半年折り返しましょう。よろしゅうおあがり。

涼を求めて

２０１５．７

夏は夜。と清少納言は書きました。千年近く経った今も、そうだと思うよ。なにしろ日中は、それはそれは暑いものですから。涼しくなるまで待って。

夜になったってたちまち涼しいわけではないけれど、日が落ちるとずいぶんとまし。風があればなおさらです。夜の神社に行ってみましょう。伏見稲荷は赤、朱、紅。無数の狐と鳥居、途中で数えるのをあきらめました。

下鴨神社のみたらし祭は、年々開催日数が長くなっているとの噂。出町柳からデルタを見やって糺《ただす》の森に入ると、それだけで少し涼しいような気がします。来月はここで古本市が開かれるから、きっとまた来るでしょう。

みたらし池に足をつけて、いらんもん祓いまひょ。池の水、冷たいと知ってはいるのだけれど、思っているより冷たくて、びっくりするのか泣き出す小さな子もいるくらいです。膝から下を水にたっぷり泳がせて、足裏に底の石を感じながら歩いて進みます。ろうそくに火をつけてお供え。水から上がってもしばらく涼しい。

裸足になるので、脱ぎ履きしやすい靴すなわちサンダルで行くようにしているのですが、このときいつも思い出す歌あり。青いサンダルなら完璧です。

サンダルの青踏みしめて立つわたし銀河を産んだように涼しい

大滝和子（『銀河を産んだように』）

涼しくなっているうちに、境内《けいだい》のさるやでかき氷。そのあとは、グリル生研会館に行きましょか、ユーゲに行きましょか。もちろんみたらしだんごを食べてもいいし、ナカガワ小麦店でパンを、ラマルティーヌでケーキを買ってもよろしな。腹が減っては暑さに負けます。

六月のみなづきもそうでしたけれど、七月の祇園祭といい、みたらし祭もしかり、土用の丑《うし》の日のうなぎやあんころ餅なども、厄を落としたり祓ったり暑気を払ったり精をつけたり、夏は忙しい。それだけ厳しい季節だということでしょうか。今みたいに冷房のない昔は、よりいっそう（でもたぶん、昔より今のほうが気温は高い）。

梅雨がすっかり明けて、いよいよ夏も本番です。

果実たち

2015．8

送り火の八月十六日が過ぎると、夏も終わりという気がします。子どものころなら、そのあとにある地蔵盆が、いよいよ夏休みが終わる合図でした。

さりとてもう秋というわけではなく、晩夏という言葉はたぶんそのためにある。西瓜やマンゴーの鮮やかな赤や黄色は夏に似合うし、葡萄や梨は、色からして秋の果実だなあと思います。今はどちらも楽しめるいいとこどりの季節かもしれません。

京の街では、河原町に丸善が復活したというニュースあり。併設のカフェにレモンのデザートがあったり、檸檬を置く用の籠《かご》が設置されたりしているそうです。甘やかされる檸檬爆弾。かたや梶井基次郎の『檸檬』に登場する青果店は、シャッターを下ろして久しい。寺町二条の八百卯《やおう》です。こちらも復活すればいいのにな。

ある日、友人たちとレモンと実験。レモンの果汁で書いた秘密の手紙は、火で炙るとあらわになります（炙らなくてもうっすら見えているけど、秘密なんてそんなもんです）。

レモンといえば、大極殿のレースかん。輪切りのレモンをレースに見立てることのすてきさよ。ガラスのお皿にのせてフォークで食べる、そのかけらまでもきれいです。そのほか、鍵善良房のれもんかんや橘屋の葛れもんも好きです。

柑橘をくりぬいて器にしたゼリーや寒天あれこれ。村上開新堂のオレンジゼリー（冬なら好事福盧《こうずぶくろ》）、春から初夏は老松の夏柑糖、クリケットのグレープフルーツゼリーはホイップクリームでおめかし。

フルーツサンドが好きです。ヤオイソ、ホソカワ、クリケット。フルーツパーラーならではのフルーツサンドです。どこも本店は少し行きづらいのですが（街中から少し離れていることと、閉店時間の早さ）、髙島屋の地下のホソカワはその点、観光客の方にも便利かと思われます。「パンにはさむ意味あるんかなーって思ってたんですよ、食べるまでは」と、懐疑的だった人をも納得させる、パンとクリームでサンドイッチになることの意味。

鍵善良房の新しいカフェ、ZEN CAFE のフルーツサンド。断面の美しさ。果物は潔く一種類、季節ごとに変わるそうです。こないだ食べたんはメロンでした。和菓子ももちろんいただけますし、カフェオレもたいそうおいしい。

喫茶店には喫茶店のフルーツサンドあり。スマート珈琲店のはパンに対して具が多く、食べるのに難儀するくらいなのがご愛敬の一皿です。

果物のミックスジュースも好き。たまごサンドに一番合う飲み物はミックスジュースだと思っています。フルーツサンドと一緒に頼むのももちろんよい。イノダコーヒのミックスジュースは緑色。切り通し進々堂のミックスジュースはピンク。お店の人が、グレナデンシロップの色だよと教えてくれました。

お酒ならば、うえとや柳野の果物を使ったカクテルが好きです。果物をそのまま食べるよりも果物のような。食べるように飲む果物。

ケーキ屋さんで、フレッシュフルーツがふんだんに乗っているタルトは高確率で注文してしまいます。オ・グルニエ・ドールの「畑シリーズ」は、果物がごろごろと惜しみなく乗ったケーキ。ケーキの素材としての果物、というよりは、果物のおいしさを最大限引き立てるためにこうした、という感じがします。手でつかんで食べるのが一番おいしいよ、とのシェフの教えに従って、そのようにしてほおばります。

洋菓子ではなく和菓子と果物ならば、果物の形を見立てたものが思い浮かびますが、起源をたどるとそもそも「菓子」とは果物と木の実だったのだそうです。そういえば菓子の「菓」と果物の「果」は似ているな。なにより「水菓子」とは果物のことでした。

肘まで果汁をしたたらせてほおばる水蜜桃《すいみつとう》、飲むかのごとく喉を流れるよく冷えた西瓜、むさぼるようにたいらげる甘いパイナップル、房から口で実をもぎとる葡萄、口うつしでもらうぬるい無花果《いちじく》。身体とともにある食べ物。

体温を下げて下げて秋が来る。もう少し待ってと思う気持ちとうらはらに、果物はいち早く季節を届けてくれるのでした。

廃村を告げる活字に桃の皮ふれればにじみゆくばかり　来て

東直子（『春原さんのリコーダー』）

白桃の汁に濡れつつみずからを宣言しいるナイフのかたち

大滝和子（『人類のヴァイオリン』）

このごろみやこに流行るもの

2015.9

風が涼しく、湿度が下がってくると、焼菓子がおいしい季節の到来です。あたたかい紅茶を淹れて、ポットにはティーコゼーをかぶせて、長く楽しみましょう。紅茶で喉を潤したくなるくらいのほうが、よい焼菓子だと思います。紅茶、お菓子、紅茶、お菓子、紅茶、お菓子、とエンドレス。

焼菓子のお店が増えていて、うれしいことです。油小路中立売《あぶらのこうじなかだちうり》のオハヨービスケット、岡崎の千茜《ちせん》、上七軒の坂田焼菓子店、などなど。どの立地も駅からは少し距離があるところが、またよろしいように感じられます。たとえば御所からあるいは堀川沿いに、水路閣を冷やかしたり平安神宮に立ち寄ったり、北野天満宮の帰りに、など、のんびり散歩を楽しみながら、お店へ足を運びたい。街中の雑貨店やイベントなどで買えることもあるので、見つけたらラッキーです。

今の季節、やわい色白のおうどんか、つるんと細身のおそばか（さらに茶そばという選択肢もある）。さらに、お天気のいい昼間なら、つべたいのかあったかいのか、どっちにしようか迷います。と書いておきながら、うどんとそばについては、またの機会に譲るとして、そば粉のクレープ、ガレットのことです。最近お店が増えている。

1928ビルのカフェショコラなどももちろん前からあったのだけれど、思い返せば裏寺町にある日気づけば現れた小さな小さなクレープリー、ギャルソンクレープがその嚆矢《こうし》だったのではないでしょうか。カウンターのみ、テイクアウトあり、お店の奥のお手洗いに行くには、椅子のうしろをカニ歩きでなければ通れないくらいの狭さがまた悪くない雰囲気で。今は東山安井に、ほんの少し広くなって移転しています。それからオー・ディスコができ、オルハコシトができ、ブレッツカフェの京都店ができ、という具合です。夷川高倉に今月オープンしたばかりのヌフにも早く行ってみたい。

あるときは喫茶ムギ、あるときは雨林舎にと、思い出したように現れる、今はお店を持たないパティシエールによる、シトロンシュクレの出張クレープも見逃せません。

四条木屋町を下がって高瀬川をちょぃと渡ったところにあるバイタルサイン。「野菜とワインともろもろと」と銘打たれているように、ビストロでもなく小料理屋でもなく、何と呼ぶのか難しいけれど、おいしくて居心地がよければ、そんなことは大した問題ではありません。野菜尽くしの「一汁三菜とサラダ」をスターターに、お魚やお肉もあり、もちろんお酒もいただけて、ナチュラル系の小綺麗でシンプルな内装、今までありそうでなかったこの感じというやつです。生姜の炊き込みごはんは、〆で頼んだにもかかわらず、おかわり三杯くらいしたくなる。

先週オープンしたばかりのウサギノネドコのカフェは、ニューオープンという意味だけでなく、「新しい」お店。そもそも何屋さんかと聞かれれば、ウニの骨や鉱石や植物を透明のキューブに閉じ込めたものなどが並ぶ「自然の造形美」を楽しめるお店で、標本屋さん、鉱物屋さん……？　さらに、泊まれます。宿です。そのカフェでは、博物館のような席でお料理やお茶が供されます（普通の席もあります）。

おしゃれなんは好きやけど、なんやスカしてんのは落ち着かへんし、いややねん。そんなところが、この都の住人には、あるように思われます。と主語を大きくするのが差し支えるようでしたら、少なくとも個人的にはそうです、と申し上げましょう。

行列には興味あらしまへん、どこぞの誰かが操作したはる流行はよう知らんけど、でも新しいものへの好奇心はある。もちろん古いもんも大事に。すてきならばＯＫ。そんなような心持ちです。

秋を見つける

2015.10

まわりでその目撃情報がちらほらと出はじめると、「わたしも金木犀かぎたい」と思いながら歩くようになります。目視するより早く、気づくのは鼻です。

あたりを見回すと、あった。つやっとした葉に灰色がかった幹。香りの強さに比べると意外なくらい控えめなオレンジの、花はまだそんなに多くない。もっと香りを求めて、葉の茂みに鼻を突っ込んでくんくんします。不審か不審でないかでいえば前者にあたる挙動だとは思うけど、秋に免じて許してください。

そんな北白川の疎水沿いで、蝶を何度も目にしました。蝶というと春のイメージがあったけれど、そうでもないみたい。オレンジの蝶はオレンジの花に、白い蝶は白い花に。よくお似合いのコーディネートです。ひらひらと舞いながらもどっしりとしたその姿を見ていると、一頭、二頭、と数えるのが不思議だったのが、なんとなく腑に落ちます。

秋は夜。夏の夜もいいけれど、夜が日に日に長くなるし、月はきれいだし。

近年で最高のお月見は、五年前の嵐山。月が渡るとの名を冠する橋まで来たら、たまたま舟が出ていました。そら乗るわいな。山の影に見守られる大堰川の上を、ゆらりゆらりと舟は往く。夜は静かに凪《な》いでいて、水面にも月が浮かびます。どこからか琴と尺八の音が風に運ばれ、それも次第に遠ざかって、虫の声だけが静寂を震わせていました。ふと浮かぶのは、詩の一節。川ではなく湖ですが。中原中也の「湖上」。

ポッカリ月が出ましたら、
舟を浮べて出掛けませう。
波はヒタヒタ打つでせう、
風も少しはあるでせう。

沖に出たらば暗いでせう、
櫂《かい》から滴垂《したた》る水の音は
昵懇《ちか》しいものに聞こえませう、
——あなたの言葉の杜切《とぎ》れ間を。

月はいつのまにかずいぶん高く昇って、雲に隠れては出で、消えては現れ。月が隠れたら、じっと待ちます。姿は見えなくてもそこにいるのはわかっていて、そのことに安心するのです。隣にいる人が口にしました、「月々に月見る月は多けれど月見る月はこの月の月」。ほんまに。今夜がその月。一瞬のうたかたのような、幾晩も続く幻のような、夜に月が灯っていました。

夜といえば、ある日の夜、東林院へ赴きました。初夏の沙羅双樹や冬の千両、精進料理や宿坊でも知られる、妙心寺の塔頭《たっちゅう》。妙心寺の広い境内に足を踏み入れると、その暗闇に圧倒されました。小学生のときに写生したり、放課後、友達の家に行くときに中を通り抜けさせてもらったりと、馴染みのある場所だったのですが、夜がこんなに暗いとは。いかに日頃、照明の煌々とした場所で暮らしているか気づかされます。さらにそこにあるのは石畳や松の木やお寺建築なものだから、平凡すぎる感想だけれど、なんだかタイムスリップしたみたい。

人けのない境内を歩くことしばし、東林院もさほど人は多くなく、複数人で来ている人たちもあまり会話をせず静かにお庭を眺めていて、ひそやかです。灯りの数は多いけれど、一つひとつがほの暗いので、お庭の様子はあまりわかりません。ただ座ってじっと眺めていると、不思議に心が落ち着いてきます。目が少しずつ慣れてくるけれど、それもしれていて、よくは見えません。でもそのよく見えないということが、不安ではなくて、穏やかなものとして、あるのです。

そうして、明滅《めいめつ》するかのように揺れる灯火を見ていると、だんだん五感の境界がゆるんできて、光を「見ている」のか「聞いている」のかあやふやになります。でも、どっちでもいいんだと思いました。そんなの大した違いじゃない。

池田澄子（『拝復』）

夜は秋の思わぬ音を蝶番

紅葉狩りと和菓子食べ

2015.11

紅葉の季節です。京都には紅葉の名所といわれるところがたくさんあって、そうした場所はもちろん素晴らしい眺めなのですが、なにぶん人が多い。行列も人が多いのも苦手な性分なので（京都の多くの人がそんな気がする）、行ってみたい気持ちはありつつ、足が遠のくのもまた事実。時折、友人と「あのお寺は穴場だった」「どこそこのお庭は見頃らしい」などと内緒話を交わしたりもするけれど、桜の季節と同じように、ごく日常的に楽しむのも一興です。

たとえば御池通。広く開けた道の両側に並ぶ街路樹の色が見事で、急いでいたとしても少し足を止めて眺めたくなります。紅葉越しに、ゆるやかな稜線《りようせん》を描く東の山々を望むのもいいし、夕方ならば西の空に暮れていく太陽の色と重なる様子も、しみじみと秋の日を感じられるものです。夏には同じ通りで祇園祭の山鉾巡行を見たことを思い出すと、そのときの灼熱が一瞬よみがえるとともに、季節の移り変わりを覚えます。

またあるいは、北山通。地下鉄の駅から地上にあがると、思いがけず色づいた木々に目を奪われるのでした。高瀬川沿いや、鴨川沿いも。なんてことない、住宅街だって。

紅葉といえば文字通り赤、というイメージを持っていたけれど、黄色の美しさにも心惹かれる。まだ少し早い時期の緑と、黄、赤、というコントラストや濃淡もまた目を楽しませてくれます。

季節の味わい、亥の子《いこ》餅。うり坊のような愛らしい姿の和菓子に、この秋、開眼しました。その歴史は古く、平安時代初期にはすでにあったようで、源氏物語にも登場しているらしい。現在、仕様はお店によって少しずつ違いますが、友人からの耳寄り情報で、ゑびす神社のそばの和菓子屋さんに買いに行ったものが、とてもおいしかった。地味な見た目と裏腹に、中には柿、栗、銀杏が隠れています。そしてこしあん！

いわれからすると、亥の月亥の日亥の刻に食べるのが本来ではありますが、食べたいときに食べたらよろし。みなづきも、六月三十日を待たずに食べたりしますし。十一月中は作っているお店さんも多いようなので、あちこちで買い求めたいです。

季節の味わい、竹裡《ちくり》。栗蒸し羊羹に、この秋、開眼しました。これも別の友人が教えてくれたもの。車屋町姉小路の和菓子屋さんが、栗のおいしい季節にだけ作られるそうです。大切に包まれている竹の皮ごと切ってから、剥いで食べます。栗がごろっと入った断面にまず惚れぼれ。これがちょっと驚くくらいにおいしくて、普通の栗蒸し羊羹がお薄（抹茶）なら、これはお濃茶。むっちり、しっとり、ぎゅっと、とつい擬態語を重ねてしまうほど、濃密なのです。

季節の味わい、栗のわたぼうし。これは数年前に開眼済みです。京都に何店舗かを構える料亭のお菓子。西湖が有名なところです。栗餡といっても、小豆のあんこに栗が混ざっているというものではなくて、すべては栗。栗でできた餡が、やわらかいお餅でくるまれています。お行儀には目をつぶって、これはもう、黒文字ではなく手でつかんでほおばりたい。

それから、平安神宮の参道の和菓子屋さんの栗きんとん（食べごたえ！）に、佃煮なども売っている四条河原町北東の甘味処の栗ぜんざい（栗のポタージュのような餡に、栗が包まれた白玉入り）、まだこの秋食べていないものを指折り数えてしまいます。モンブランやマロングラッセも好きだけれど、やはり栗は和では。そんな思いを強くするのでした。

京都の美術館

２０１５．12

十二月の半ば、大山崎の美術館に行きました。ニッカウヰスキーやアサヒビールと縁のある実業家であり、蘭の栽培でも名を馳せた加賀正太郎が、大正時代に建てた別荘だったところ。

ＪＲ京都駅から最寄り駅まで電車で十五分、四条烏丸から阪急電車なら二十分ほど。行くたびに、そうだこんなにいい場所なんやな、と思い、近いのだからもっと頻繁に来ようと思います。駅からは急な坂道を歩くことになるけれど、その道のりもまた楽し。ことに紅葉が名残の盛りを迎えているとあっては（送迎バスもありますので、脚力に自信のない方も大丈夫）。

坂道を上っていくと、心なしか空気がひんやりしていきます。煉瓦造りのトンネルをくぐって、さらに歩を進めると、煙突、三角屋根、どっしりとした木の組みと、まさしく山荘という言葉が似合う建物があらわれます。

美術館の入り口としては小さなドアを開けて、中に入ります。展示作品はもちろんのこと、建物の細部まで眺めるのが楽しく、ここでの暮らしはどんな風だったんだろう、と思いを馳せます。

開けた風景を一望できる二階の喫茶室のテラスでは、展覧会にあわせて作られるケーキがあります。今は、陶芸家のルーシー・リーが客人にふるまっていたレシピをアレンジしたチョコレートケーキ。表面の光沢が、釉薬《ゆうやく》を思わせます。

京都の美術館は、小さなところ、大きなところ、国公立、私設とさまざま。

岡崎の疎水沿いにある市の美術館は、やはり建物がすてき。和洋問わず大規模な展覧会はここで開かれることが多いです。展示室と展示室のあいだの階段や玄関ホールも見どころ。

その向かいには、近代美術館が。神宮道に面した階段の踊り場からは、大きな鳥居を間近に見ることができます。所蔵作品に好みのものが多く、上村松園や竹久夢二、それに二十世紀初頭のウィーン工房で活躍した上野リチなど。モダンで軽やかな彼女のテキスタイルデザインを使ったオリジナルグッズをミュージアムショップで買いました。こちらはショップのみの利用もできるので、京都みやげを見つけるのにもいいのでは。

美術館の行き帰りには、お茶やごはんも欠かせません。岡崎ならば、たとえば東山駅一番出入口を出てすぐに左折、路地のお饅頭屋さん（というか工房兼即売所）で季節の和菓子を求め、こっそりほおばりながら疎水のせせらぎを辿るように歩いていくと、鳥居のはしっこが見えて、すぐそこに美術館。

先に食事をしたいなら、その路地のお蕎麦屋さんか和食屋さんへ。路地に入らずに三条通から参道に入るルートを選ぶのは、料亭が手がけるおうどん屋さんに行きたいとき。そのあとは、甘味処つきの和菓子屋さんも避けては通れません。

美術館の余韻を頭の中でたゆたわせながら、平安神宮や動物園のあるほうへ足をのばしてもいい。二階建てのかわいいお菓子屋&茶房や、小さな焼菓子店、お蕎麦や丼物もあるおうどん屋さん、大きさが選べるオムライスのある有名な洋食店など。

疎水沿いに西のほうへ向かうと、ピザ屋、ギャラリー併設カフェ、クレープ屋、タンドリーチキン屋、タブレットチョコレート屋、食事もできるカフェ、スフレ屋、タルトタタン&くるみのタルト屋など、よりどりみどりです（敬称「さん」略）。

東山駅のほうへ戻るなら、パリ風のカフェでケーキやデリを、あるいは古民家で中国茶をいただくもよし、夜を待たずに開いているバーへ寄るもよし。

そのほか、京都の美術館。行列がしばしば話題になる博物館は、すぐそばの三十三間堂とあわせて行くのも興味深いもの。ずらっと並ぶ千手観音が、元祖美術館とでもいうような、最新のインスタレーションのようにも思えてきて、不思議な感覚になったことがあります。工芸品が中心の清水坂の美術館や、写真や魯山人《ろさんじん》の展示が多い祇園の美術館は、その立地も含めて独特の存在感を放っています。ほかにもまだまだ、小さなギャラリーなども含めると、行ったことがないところのほうが多いくらいかもしれません。

日々や暮らしに根づく、美しいもの、おもしろいもの、貴いものを目にする場所がこのようにあるのは、あらためて、つくづくありがたいことです。

冬のあつあつ

2016．1

寒いです。去年は雪で始まったお正月、今年はあたたかいと思っていたら、この寒さ。底冷えの京都、恋しくなるのはあたたかいもの。蕪《かぶら》蒸し、鍋焼きうどん、オニオングラタンスープ、ほか多数。とにもかくにも、湯気が恋しい。湯気を顔にあびながら、猫舌ながら、はふはふと、あつあつをいただきます。器を持つ手もあたたまります。ナイフを入れたらもくもくと湯気が上がるようなお料理もいいですね。

お雑煮は白味噌です。金時人参の彩りもいいけれど、お餅とお芋と削りぶしのごくシンプルなものも好き。白づくしのお雑煮。

あんかけは冬の良心。にしんそばが有名な松葉そばでは、俵そばなるものもおすすめです。鴨肉や赤こんにゃく、ごぼうなどを包んだ大きなおあげ。次は百合根うどんを食べてみたいと思っています。

鍋は冬のスター。二条駅近くのなかい家でいただいたのは、丹波地鶏鍋。スープを仕込む都合上、予約は四営業日前までに。〆は塩ラーメン卵入りです。

ほかほかのお寿司、蒸し寿司。錦糸卵の下には喜びが隠れています。四条通から新京極を上がってすぐ、乙羽すしのお店の前にもくもくとあがる湯気を見るとつい入ってしまいます。そのちょうど真東くらい、河原町通のひさご寿しの蒸し寿司も好き。

冬の料理あつあつ勢としての、グラタンの可能性。おなじく、茶碗蒸しなども。ある夜は、柚子とジャスミンのホットワイン。ヴァンショーやホットバタードラムなど、お酒もあたたかいものがあるとうれしくなります。

凍えそうな冬の日も、あたたかいものがあれば。大寒の次はもう立春。「春隣《はるとなり》」という季語を覚えました。骨身にしみる底冷えが、熱をもって、春に追いつく脚力になればいい。

透きとほる花の幻影夜々に眠りをつつむ立春前後

尾崎佐永子（『鎌倉もだぁん』）

冬と春のあいだで

2016.2

こんにちは、チョコレート強化月間です。ひとさまに贈る分も用意するけれど、大半は自分で食べたり、友達と分け合ったり。

オ・グルニエ・ドールのチョコレートは、さすがのおいしさ。ジャスミンティーやフランボワーズ、ヘベスという柑橘、バナナなど、さまざまな素材と調和し、まとめ、引き立てるチョコレートは、間違いなく主役であり、また名監督でもあるのかも。ベルアメール京都別邸のケーキは、チョコレート屋さんだけあってすべてに必ずチョコレートが使われています。きわめて甘党の方なら、セットの飲み物もホットチョコレートを。帰るころには、建物の木の色までもがチョコレートの色に思えてきます。

冬と春のあいだで、冬寄りの日と春寄りの日があって、あたたかい日は、歩くのが楽しい。というより、「もう少し歩こうかな」と思える日はあたたかいというのが、実際の感覚には合っているかもしれません。

ある日の散歩。御所に沿って烏丸通を歩く。中立売御門から、大文字が見えました。何度も通ったことのある道なのに、気づかなかった。そうか、じゃあ、夏にはここから送り火を眺めることもできるんだな、と一番遠い季節につかのま思いは飛んで。

またある日の散歩。京阪祇園四条駅四号出入口から地上へあがるとき、階段を昇っていくとまず見えてくるのが東華菜館の建物で、一瞬、自分が今どこにいるのか、わからなくなります。タイムスリップしたような、あるいは外国にいるような気持ちになれるのでした。おりしもマジックアワー。空の光も川の色も、真冬のそれとは明らかに違っていて。

なつかしい故郷の言葉を聴きに駅へ行っていた人のように、春の花の彩りや香りを求めて、花屋の軒先へと足が向きます。街の木々も、誰に言われたわけでもなく、密かにそれでも確かに力をたくわえているようです。木蓮のつぼみが愛らしくてそっと触れる。春のうぶげ、ただいま準備中。

咲いたと思ったら数日で満開になって、そして散っていく。そこに儚さよりも力強さを感じる春です。

川の空気は自由にする。誰もが思い思いに
過ごしている、そのことがうれしいのです。

わらび餅
みな月
まめ餅

鯉山

燃えて花のように咲いて、その真下に立てば全身を染め抜くような赤が、青空をまっすぐに貫いています。

マジックアワーの空に、光に、見とれて立ち止まるそのあいだにも、刻々と色はうつっていきます。冬は春の隣。

ゑびす神社

顔見世興行

Ⅲ・

2016.3〜2017.2

会うは別れの

2016．3

春は別れの季節です。さかのぼれば幼稚園のころから毎年のように耳にしてきたそんな言葉は、ありきたりといえばありきたりだけれど、まぎれもない事実であるのはたしかで。大人になれば、別れがいつも年度末であるとはかぎらないし、幼児・児童・学生のころと違って、「三月にはお別れ」と前もってわかっていない場合もあります。多くの「お別れ」は、予期せざるもの。人だけではなく、お店だってそうです。

たとえば、叡電の駅から恵文社一乗寺店へ向かう道の途中にあるフレンチレストランは三月で閉店。出町柳駅のそばのビストロは、今のシェフは三月でおしまい。東一条から三条寺町へ移転したカフェは、二十一年の歴史に幕を下ろします。烏丸御池のレトロ建築を使ったショッピングビルは、リニューアルを機に閉館です。

好きだったお店、なじみのある空間がなくなってしまうのは、さみしい。そして悲しい。惜しい。もっと行っていれば、もっと行きたかった……と悔やんだりもします。

でも、しかたがない。何事も、終わるときは終わるものです。お別れは、いつか必ずやってきます。それに、閉店にもいろいろな理由や事情があります。寿命みたいなものもあると思う。それをまっとうしたのなら、お別れは同時にスタートでもあるのでしょう。いつまでも同じでありつづけるなんてことは、ない。

知らないうちになくなっていた、いつのまにかその存在を忘れていた、気づいたときには遅かった……などという事態よりは、お別れができることは、幸せなことなのだろうと思います。その分痛みがあるとしても。「ありがとう」と「さようなら」を言えたら、ちゃんと思い出になるはずです。お別れの種類にもよるけれど、またどこかで会えることもあるでしょう。

もうすぐ閉まるレストランで最後に食べたホワイトアスパラガスは、春の訪れを告げる一皿でした。

お店の記憶は、味の記憶であり、そこで過ごした時間の記憶であり、場を共にした人々の記憶。と、切なくなるのはよくても、感傷を引きずるのはよくない。センチメンタルはほどほどだから味わい深いのだと思います。

そんなわけで、ただただ楽しい早春の食の記録をいくつか。

御所東のマダム紅蘭。名物・豚の角煮バーガーが、春仕様になっていました。桜の香るマントウはふかふかで、その食感だけでたまらない。

お餅好きの方々へ捧ぐ、餅料理の数々。たらこ餅、揚げじゃこ餅、粟餅のとろろとじ、焼いた黒餅、鴨は餅皮で巻く。いそべ焼きにあべかわ餅などの定番も、ひと味ちがいます。もち料理きた村のある高瀬川沿い、このあたりももう少しすれば桜色に染まるでしょう。

油小路中立売のお菓子屋さんは、オープンして一年に。オハヨービスケットのかわいくおいしい焼菓子たちは、いくつも食べたい、あの人にもあげたい。

今一緒にテーブルを同じくしている人たちとも、いつかは会えなくなるかもしれない。そんなことをふと思ったりするとさみしくなるけれど、だから今を大事にしようという殊勝な気持ちにもなれます。終わるお店があるならば、新しいお店もできてくる。春はたしかに別れの季節ではあるけれど、ひと区切りできる季節、変化の季節、始まりの季節でもあるのでした。


いつか死ぬ必ず春が来るように　池田澄子（『拝復』）

階上の店

２０１６．４

京都と自転車は相性がいい。街のサイズに合っている、公共交通機関がカバーしていないところにも行きやすい、観光シーズンなどの渋滞の影響を受けづらい、などがその理由でしょうか。ただし意外と傾斜があって、南から北の方向にかけて上り坂になっているので（東寺の五重塔のてっぺんと北山のあたりが同じ高さという噂）、いい運動にもなります。

いずれにせよ、小回りが利いて便利。おもな移動手段が自転車である友人たちには、終電という概念がありません。ただ、「自転車で駆け抜けていくと見過ごしてしまっているものがあると思う、建物の上階にあるお店とか」とのこと。たしかに通りに面していないお店に気づかなかったり、入りづらかったりするものです。でも、そういうのこそ、いいお店だったりもします。階上のお店、どんなところがあったろう。

たとえば三条通近辺を、烏丸通から東へ。

生ケーキとはちがう引力を持つタルトを擁するミディ・アプレミディ。一階は別の、苺のお菓子屋さんなので、どっちに行こうか迷うときもあります（結局どっちも行くこともしばしば）。すぐそばのパン屋さんの四階、デュースミックスはギャラリー併設の雑貨店。作家ものが多いので、ちょっとめずらしいものや個性的な友達へのプレゼントを探しているときなど、足が向きます。日常茶飯＋はその向かいのビルの三階。身体に優しそうな定食が夜も食べられてありがたいです。

そのまま三条通を進み、柳馬場を過ぎると、赤い服の女の子と黒猫が階段を上がっていく置き看板があります。ヴィンテージ＆セレクトショップのグリグリです。すてきなお洋服にアクセサリー、バッグや靴がたくさん。関西へ来たときは必ず寄るという旅の方も。このあたりでお茶でも、となったら、三条通をさらに進んで河原町通を渡ると喫茶葦島《あしじま》（五階）が、姉小路に上がるとカフェコチ（二階）が、蛸薬師《たこやくし》へ下がればクレープリーオルハコシト（三階）、裏寺町まで行けば回廊（二階）があります。

またたとえば、ぐっと西へ進んだ二条通付近。

二条城の南、住宅街の一角にある1／8ビルディングの四階、コトバトフク。日本の気鋭デザイナーの服やアクセサリー、ファッションとデザインに関する本などを扱うセレクトショップです。デパートや大きなセレクトショップをさんざん見てもピンとくるものがなかったのに、ここで出合えた服があります。隣にはギャラリーも併設。そのすぐ近くのコトハは、階段を上がると一面グリーン。決して小さくはない空間に、ところ狭しと植物が並んでいます。ヤンネは、二条駅前、パン屋さんの二階にできた雑貨と古道具のお店。

ワークショップやライブなども時折開催されているようで、行くたびにちがう光景が見られるかもしれません。

二条通を東へ、河原町通の交差点にはカヌレが。店名に掲げられたボルドーの焼菓子もおいしいし、食事もしっかりできるカフェです。ビルの五階、角に面した大きな窓からの眺めはなかなか新鮮で、夜はガラスに店内の灯りが映ってきれい。同じく二条通と高倉通が交わるところには月と六ペンス。コーヒーの香りで満ちた静かな店内は読書にうってつけ。お気に入りの本を持っていってもいいけれど、窓際に並ぶ文庫本に手を伸ばしてみるのも楽しいです。

幸い季節は初夏のはじまり、外を出歩くにうってつけの日々。歩きながら少し視線を上げてみれば、階段の上で未知のお店が待っているかもしれません。

歩いて、乗って

2016.5

旅、あるいはもっとライトに「おでかけ」でもいい、とにかくそれらの行為は、ある場所で何かすること、その目的地へ到着することが目的、となる場合が多いことでしょう。あのお店であれを食べる、あれを買う、あの名所に行く、あの美術館であの絵を観る、など。それはもちろん楽しく、いわば主役、メインディッシュのようなものでしょうか。ガイドブックに載るのも、「京都のおすすめを教えて」と尋ねる人が求めるのも、えてしてそんな「主役級」の事柄です。

けれど、「そうではない部分」に、かけがえのないようなことがあったりする。それは往々にして言語化しづらく、とるにたらないかもしれなくて、共有も流通もしづらいのだけど、だからこそかけがえのないものなのだと思います。

たとえば、地下鉄東西線の東山駅から白川沿いに南へ下がって、祇園のほうへ向かうとき。川の西側は車がよく通るので、東側を歩きます。

光でもあり音でもある水の流れ、せせらぎに同調するようにそよぐ柳、少し暑いくらいの日差しを浴びて、歩いていく。川面をのぞくと、蝶がいる。小さな橋に並んで腰かけている人たちがいる。

ただただ歩いていくと、不意に視界が開けます。華頂道の大きな門、そこから伸びる広い道の先には山そして空。

脇道を通り抜けると、知恩院道のやはり広い通りに出て、東を仰ぎ見れば立派な三門があります。その前を通り過ぎれば、もう円山公園のすぐ裏。長楽館の屋根がのぞき見えます。

このルートがとても好きなのだけれど、もし「今日はどこへ行っていたの？」と聞かれたら、「白川のへんから、円山公園とか、八坂神社とか」と答えることになる気がします。それでは全然伝わらないものが、実際にはあるのですが。

バスもまた、歩くのとは違う速度や目線で「とるにたらなさ」を味わえます。観光シーズンにはとてもおすすめできない京都のバスですが、今くらいの時期は比較的スムーズ。電車が通っていないところもカバーしているので、うまく乗りこなせれば便利ではあります。一日乗車券を買っても、三回以上乗れば元が取れてしまいます。

バスのいいところは、なんといっても、外の景色が見えるところ。特に乗車口よりうしろの窓際の席に座れば、なかなかの眺めです。

丸太町通を東へ走るバスが堀川通を越えてまもなく、左手に見える緑のかたまりにハッとします。道の左右に並ぶ木々の若葉がアーチのようになった、京都府庁へ続く釜座通。さらに東へ進むと、烏丸通から寺町通まで、京都御所の緑が車窓に連なる。鴨川をバスで渡るとき、ちょっとここで止まってほしいと思いながら、四角く切り取られた鴨川の風景を、贅沢にも流し見ます。

ただ歩いているだけで楽しいとき、何も考えずにバスに揺られているとき。ふとよぎる言葉があります。

いつも目を開けていなさい。移動中に眠ってはいけない。目をこらすこと。あらゆるものからインスピレーションは生まれる。

（映画「ファッションが教えてくれること」より）

動き回ってください。旅をすること。（中略）けっして旅することをやめないこと。

――スーザン・ソンタグ（『良心の領界』木幡和枝訳）

それから、多和田葉子の本のタイトル「旅をする裸の眼」というフレーズ。

古くて新しい

2016.6

うめぞの茶房へ。

一九二七年創業、甘党一筋・梅園の、三月にオープンした新しいお店です。おめあてはかざり羹。洋菓子のプティフールを思わせる可憐な羊羹で、フランボワーズやグレープフルーツ、ココアなど、八種類ほどがショーケースに並んでいます。四角いのが定番で、円いのが季節のもの、とのこと。全部くださいと言いたいのを抑えて、厳選の末、レモン、紅茶、薄荷の三つを店内でいただきました。

細くて急な階段を上がったところに、イートインスペース。町家を活かしたシャビーシックな内装が新鮮です。室内の陰影が美しい。オレンジ、ミント、シナモンが香る季節の紅茶と一緒に。水羊羹のようななめらかさと軽やかさに、レモンや紅茶や薄荷が香ります。トッピングのクリームやフルーツやハーブが程よく個性的で、期待以上においしかったのです。洋菓子のような趣もありつつ、これはたしかに和のお菓子なのでした。和菓子の底力と可能性。

お店の場所は鞍馬口通、船岡山のふもと。今年のお正月を最後に惜しまれながら解散した創作和菓子ユニット・日菓《にっか》の工房だったところ。このあたりまで来たのなら、かみ添《そえ》（紙）、かね井（蕎麦）、さらさ西陣（カフェ）、世界文庫（古書）、チップルソン（パン）、上海航路（古道具と喫茶）、聚光《じゅこう》（和菓子）、ゴルコンダ（雑貨）など。短い距離に立ち寄ってみたいお店が密集しています。大徳寺や建勲《けんくん》神社などもあります。

Kaikado Cafe へ。

一八七五年創業、最高級茶筒司・開化堂が始めたカフェです。五月にオープンしたばかり。かつて京都の街中を走っていた市電の車庫兼事務所だった建物が改装されています。築九十年の近代洋風建築が、文明「開化」の名にぴったりの趣です。高い天井と大きな硝子扉のある広々とした空間と、似合いの木の家具でくつろげます。飲み物はコーヒー、紅茶、抹茶。おやつと器も選び抜かれたもの。茶筒を模したグラスは、抹茶オレが注がれると竹のようにも見えて。

こちらは京都市バス二〇五系統の時計回りに乗って七条河原町のバス停で降りると、すぐ目の前にあります。おむかいの渉成園のお庭では、梅雨の晴れ間に浮世のオアシスを満喫できます。高瀬川のほうへ入って、元お茶屋の建物を改装した五条モールで紙と本のお店ホムホムなどをのぞき、河原町五条の西冨家《にしとみや》で買ったコロッケを鴨川のほとりで食べて、四条のほうへ北上するコースもよいです。京都駅や京阪七条駅もほど近いので、電車で各所へ移動しても。

古くから続くお店が、新しいことを始める。それもまた長く続く所以であり、続けていくための意志なのかもしれません。

お祭り気分で

２０１６．７

なにかと祇園祭です。

お菓子やら雑貨やら、祇園祭にちなむもの、ちなんでなくてもそれっぽい絵柄入れとこという感じのもの、祇園祭関連商品ここまで多かったかなあ増えてるんかなあと思うけど、お祭りってそういうもんや、とも思います。こちらとしても、つい買ってみたり、人にあげてみたりするのでした。踊らな損ソン。

鉾町へ日参していた数年前に比べると、ずいぶん落ち着いてはきた我が祇園祭熱。それでもやはり七月の声を聞くとそわそわするし、祇園囃子を聴けばわくわくします（たとえ生演奏ではなく京都駅で流れるＢＧＭであっても）。

前祭《さきまつり》の宵山に繰り出し、四条室町を上がってすぐの菊水鉾へ。お茶席で懸想品を拝見しながら、「したたり」という黒砂糖と寒天のお菓子と、お薄をいただきます。お菓子が載ったお皿は持ち帰ることができて、気づけば今年で三枚目になりました（毎年、色が違います）。去年も一緒に来た子と、「今年もまた来られたねえ」と言いながら、深い琥珀色の菓子に黒文字を入れる。お皿が一枚増えるまでに過ぎた時間、そのあいだに起きたことが、脳裡をよぎったようなよぎらなかったような。

今の自分は一年前の自分とどのくらい同じで、どのくらい変わったんでしょう。同じことを繰り返すことで、変わったことに気づくし、同じではいられないと知るし、いつまで繰り返すことができるだろうと思うのでした。

もりもり働いた仕事の帰り、疲れているけどまっすぐ家に帰っても疲れたまま、というときは、少し寄り道を。休むこと、何もしないことで回復する疲れと、刺激を受けること、何かすることで癒される疲れがありますので。

後祭の宵山は絶好で、先週の前祭ほど人は多くないし屋台も出ていないので静かで歩きやすいです。お祭り感が少ない分、いつもの道やお店の窓に現れる駒形提灯がますます幻のよう。普段は見えないおうちの中が、屏風の展示で垣間見えたりして、不思議な気持ちになります。少し遅い時間だともう終《しま》い支度をする山鉾もあるけれど、それもまたよいもの。鉾町も眠るのだ。薄暗がりに安堵を覚えながらそぞろ歩いて、なんだか少し元気になって、今日はおうちへ帰りましょう。

日々は圧倒的にケで、だから時々のハレが楽しくて、そうやって繰り返して繰り返していつかいなくなる。いなくなったあとも続いていくものがある、そのことを平安に思えるようになりました。

夏のひんやり

とにかく暑いわけなので、涼を求めているのです。髙島屋のエントランスなどで上部より吹き出ている冷たいミスト、あれはありがたい、ぜひもっと普及してほしいです。猫だけではなく人間だって、とりあえず日陰、なるたけ日差しを避けて歩きたい。いや、できるならば外を歩きたくない、こんなときこそ地下道、広くなった四条通の歩道（地上）じゃなくて地下道だ、なんなら一駅だって地下鉄乗っちゃうし、時間の制約がさほどないなら、こまめにバスに乗るのです（一日乗車券が大活躍）。

かき氷はもはや流行を経て定番、今年はアイスキャンディーが流行っているのでしょうか。宝泉堂《ほうせんどう》からは、主成分ほぼ小豆の氷菓・氷の花が、フルーツパーラークリケットからは果物を駆使したアイスバーが、苺のお店メゾン・ド・フルージュからは苺のアイスキャンディー二種が、お目見えしていました。ＢＡＬにはパレタスが、藤井大丸にはSHONAN POPs＆京都・本くず氷が出店中。

アイスが食べたいけど乳脂肪分が重く感じられるときもある、そんなときこそアイスキャンディーです。炎天下でみるみる溶けていくのを、飲むように食べて喉を潤します。

２０１６．８

お昼ごはんには遅い時間、小腹というにはもうちょっと空いているお腹、ひさご寿司で一人きりのお客になる。お店の人たちは出前の注文をさばいていて忙しそうで、自分のごはんが運ばれてくるまでしばしその様子を眺めているのもまた楽しいものです。厨房でお寿司を巻いたり握ったりしている人たちが履いている下駄の歯がずいぶん高いの、あれなんでやろ、と思っているとやってきた、鱧《はも》寿司の半人前と冷やし茶碗蒸し。

茶碗蒸しはガラスの器に入っていて、食べる前からもう涼しい。冷たくても香るお出汁に卵のやさしさ、お匙を入れると中からは百合根や海老や穴子が出てきてうれしいです。あつあつでも冷たくてもおいしく食べられる、茶碗蒸しというのはようできた料理や。などとひとりごちながら味わっていると、ドッという音とともに、お店の外の景色がたちまち白くけぶる。耳をこらすと雷の音も。

驟雨なのでした。食べ終えるころには上がって、一雨きたからって涼しくなるわけじゃないのが困ったものだけれど、濡れずにすんだのは助かります。

降る前も降った後も、夏の雨は匂いが濃い。

夏、日が長いのだし、日が暮れたほうがまだしも涼しいし、せっかく外に出てきたからには、あそこも行こ、あっちにも寄りたい、と欲ばるのだけれど、時折どうしようもなく眠気に負けて早めに切り上げて家に帰り、気絶するように眠ります。夢を見ないくらい深く寝るから、起きているときのほうがどこか夢みたいで、それが夏の午睡《ごすい》というものなのかもしれません。

立秋を過ぎても、それを裏切るような、残暑というには激しい日差しと熱風。とはいえふと涼しさを感じ、気温は暦にあんがい従順と思えるときもあります。気づいていてもいなくても、季節は確実に前へと進んでゆくのであって。勝手なもので、夏が終わると思うとさみしくなる、それでもやっぱりほっとする気持ちのほうが大きくて、するともう秋を迎える準備はできているのでした。

葉月尽いとしいひととふるさとと青には青の挨拶がある

井上法子（『永遠でないほうの火』）

夜の餃子、夜の菓子

2016．9

ほんのひと月前は「とにかく暑い」と書いていたのに、もうすっかり涼しい今日です。嵐が空気を洗い流して、夏の残滓《ざんし》をさらっていって、あっという間に秋。「野分《のわき》」という言葉を忘れずにいたいと思います。

といっても、つい数日前はまだかき氷日和であったりもし、九月限定の無花果氷を食べに桂離宮のそばまで行ったりしたのでした。季節の名残をしぶとく享受しようとする姿勢、大事。中村軒のかき氷、五月と六月は苺、七月はマンゴー、八月はすだちです。食べ終えて外に出ると、稲穂の実りを揺らす風は涼しく、かたわらには白い曼珠沙華《まんじゅしゃげ》。

それから、御所東の生活雑貨店Ｋｉｔでアイスクリームサンドイッチが食べられるというので、移動。京都の街を左下から右上へ動く格好です。やはり無花果、それから栗、のアイスクリームをクッキーでサンドした逸品にありつけました。ここで開かれるお菓子の催しはおしなべてよいので、チェックを怠れません。

十五夜のお月見は、貴船神社へ連れ立って。叡山電車が駅に停まるたびに、日が暮れてゆきます。それは季節のうつろいにも似て、少しずつ、それでもたしかに、変わっていくのでした。

貴船に着くと、下界よりぐっと涼しい。川床《かわどこ》はきっと寒いくらいでしょう。日本酒と肴《さかな》、和らぎ水として境内の湧き水をいただきながら、雅楽がギターで奏でられ、しだいに月も高く昇って。昔（平安時代くらい？）は今より地球と月の距離が近かったという話もありますが、見える大きさこそ違えど、見ている月は同じはずで、すると何か不思議な気持ちになるのでした。それはたとえば祇園祭を眺めるときの感慨にも似て、百年千年の時をたやすく超えてしまえる。

宴がはねてもまだ家に帰るには惜しい気持ちで、ふたたび叡電に揺られていると、ふたりどちらからともなく「餃子食べたい」という気持ちが芽生え、その思いは出町柳に着いても潰《つい》えることなく、よって京阪祇園四条駅下車、九号出入口からほぼ直進、はたしてぎょうざ歩兵へとたどりつくのでした。普通のと、生姜たっぷりのと。あっというまに消えてゆく。エスプレッソカップに入った濃いしじみ汁が沁みて、今度は白ごはんとポテトサラダをつけてセルフ餃子定食にしてもいいな、などと構想がふくらみます。お店は午前三時までやっているそうで、もっと夜が更けたら、ここらでお勤めの人々が仕事終わりにやってきたりするのでしょう。

秋の夜は長いから、つい口さみしくなったり、おなかがすいたりするものです。甘いものがほしくなることも。夜遅くまでやっているカフェもありますし、フランソア喫茶室は夜十一時までと喫茶店にしては宵っぱり。あるいはバーなら、生の果物を使ったカクテルはほとんどお菓子みたいなものだと思います。プリンやホットケーキなど、お酒をきかせたおやつを食べられるお店、好きです。

ケーキ屋さんの多くはそんなに遅くまで開いていないものだけれど、例外もあって、たとえば川端丸太町東のクラウスは夜十一時まで。そのままずーっと西へ行った西大路丸太町のショコラは、一応夜九時までらしいのですが、もっと遅くまで開いているのを見たのは一度や二度ではありません。

ケーキの箱を片手に月を眺めながら家に帰って、あたたかい紅茶を淹れて。秋の入り口、こんな楽しみもあるのでした。

西洋骨董

2016.10

骨董、といっても本気の本当のガチのそれではなくて、もう少しゆるく広く、ブロカントと呼ばれるもの、ヴィンテージ、古道具なども含めて。好きです。作られて百年以上が経っている＝アンティーク。「老舗」と同じようなことでしょうかしらね。好みでいえば、和のものより洋のもの。ロシアや北欧やオランダやアメリカよりは、フランスやイギリス、ドイツ、東欧のもの。

そうしたものを扱うお店の多くは、心地よい雑然さで品々が置いてあって、その山をかきわけるのはちょっとした宝探しのようです。時と場所を超えて、目にとまるもの、心惹かれるもの。

この気持ちは、「ただ見ていたい」なのか、「自分のものにしたい」なのかを見極めて、後者であれば購入し我が家へ（お財布とは要相談）。それぞれに来歴を持ち、あちこちからやってきた古いものたち。ようこそ京都へ、という気持ちになります。遠いところよう来はった。

ある日、蹴上《けあげ》から南禅寺を通って（歩いているといつのまにか境内に入っている）、鹿ケ谷《ししがたに》通を北上しました。住宅街の並びに一軒、毛色の違うおうちが……と思うと、それはアンティークショップ。テーブルやチェストなど大きな家具から、銀食器、紙もの、アクセサリーまで、豊富に揃っています。

さらに進んで哲学の道へ入り、疎水の脇にある一軒家へ。格を感じる品々に、ちょっとした博物館のようと思っていると、はたして二階はミュージアムなのでした。お裁縫の道具や刺繍のサンプラー、今はもうきっと作れないのであろうレースなどがうやうやしく展示され、眼福、眼福。

それから蔦のからまる洋館の二階でお茶をして、「アンティーク」の看板がある一階へとすすんで迷い込みます。大正から昭和にかけて、日本における西洋、といった趣に魅入られているうちに、気づけば夜になって。

またある日は、三条通へ。とあるマンションの一室が、さながらフランスの蚤の市のよう。布もの、ボタンや手芸のパーツ、キッチンの道具など、小さくてかわいいものがたくさんあります。以前からほしいと思っていた食器をここで。フランスの、今はもうない窯の、八角形のお皿です。その表面に網の目のように走る貫入《かんにゅう》を、疵《きず》ではなく味だと感じられるのは、惚れたということでしょうか。

そのすぐ近くにあるビルの地下、ちょっと意外なくらい広い空間にところ狭しと並ぶ、家具をはじめとした古いものたち。行きつ戻りつしながら、見るだけで楽しくなります。家具に惹かれつつも思い切れず、ガラスの小瓶などを。

さらにまたある日、少し足を伸ばして長岡天神へ。阪急の駅を降りて数分、月に数回、しかもほとんど平日の昼間にしかオープンしていない、土日休みの身には難易度の高いお店。けれども、営業日に合わせて休みを取ってでもまた来たいと思えるくらい好みでした。ロマンチックだけれど甘すぎず、シックで優美。心惹かれるものが売約済みだったり非売品（ディスプレイ）だったりするのにめげることなく、繊細な装飾のグラスと、マザーオブパールの柄《え》のナイフを買いました。そこから少し歩いて、また別のお店へ。こちらはぐっと明るく、オープンで入りやすい雰囲気。食器を中心にした品揃えです。リムが可憐な白いお皿を一枚。

円町の古い一軒家で営まれていた骨董店は、移転のため一時閉店となる間近にその存在を知り、お店のブログに書かれた「類例なくとも豊かなものを」との言葉に惹かれて、一度だけ行くことがかないました。日本のものが中心のようでしたが、南蛮風味というか、どこか和洋折衷めいた雰囲気もまたおもしろいものです。整然と並んだ品々が美しく、いい具合に色が深くなった茶托を一つ求めたのでした。最近、新たな場所で営業を再開されたと知って、訪れるのが楽しみです。

冒頭、「アメリカよりは」と書いたのですが、例外もありました。一九六〇〜七〇年代アメリカのバッグ、エニッド・コリンズ。十近く持っているうちの多くを、京都の古着屋さんで買った記憶があります。キャンバス地＋木の底＋革の持ち手、全面にあしらわれたさまざまな色のビーズと、「ec」あるいは馬のロゴマークが目印です。「Strawberry Roan」「Jewel Garden」など、一つひとつにタイトルがついているのも、にくい。代名詞ともいえる木箱のバッグもほしいのですが、いまだこれというものに出合えず。「まだ持っていない（だけどいつかは）」、というのも楽しみの一つでしょうか。

古いものは事実上の一点もので、一期一会で、だから「これは！」「これだ！」「これぞ！」と思えるものを見つけたときの喜びと興奮はひとしおです。古い、といえば古本と古書店も大好きだけれど、それはまた別の機会に。

栗を求めて

2016.11

葡萄は狩り、梨はもいで、おいもは掘り、栗は拾う。秋の味覚とセットになる動詞はバリエーションに富んでいます。葡萄も梨もさつまいもも、さらにりんごや柿も好きだけれど、今年はどうしてか断然栗です。甘栗をそのまま食べてもいいんですけど、お菓子。栗のお菓子。抗《あらが》い難い魅力があります。（京都の）東にうまいモンブランあると聞けば駆けつけ、西で最高の栗おはぎを食べたと聞けば馳せ参じる、そんな秋。和洋は問わず、「おいしそうな栗のやつ」と見れば、食べてみます。

高島屋の地下の和菓子コーナーは、さまざまな和菓子屋さんの上生菓子を一つから、あるいは一緒に買えるのでとても重宝。ちゃきちゃきとしたベテランの店員さんも頼もしく、近くに来るとつい足が向きます（ただし週末の夕方は売り切れ多数）。

ふかふかの蒸しパンと栗蒸し羊羹が合わさった「栗むし」は、わらび餅もおいしい木屋町三条の和菓子屋さんで。「やき栗」という一口サイズのお菓子や、栗かのこなどもあります。因幡堂《いなばどう》のそばにある雑貨店の喫茶室では、自家製渋皮栗のパフェを。京番茶がよく合います。すぐお隣の洋菓子店ではモンブランをお持ち帰り。

モンブランといえば、今や「茶の菓」が代表みたいになっているお店は、モンブランのお店というイメージがあります。北山本店では、オートクチュールのモンブランがいただけます。なにがオートクチュールかって、数種類のラム酒から好きなものを選んで、目の前で仕上げてくれる。未モンブラン→だんだんモンブラン→もうすぐモンブラン→いよいよモンブランと、少しずつできていく様子が楽しい。ほかにも、「葡萄とマロンの秋色モンブラン」や「丹波栗の絞り立てモンブラン」といった、イートイン&季節限定のモンブランがあります。

小豆ではなく栗の餡で作られた栗おはぎを買い求めた帰りには、近くの洋食店へ栗のイートンメスを食べに行きました。イートンメスって何なんやろかと思いながらも、さくさくのメレンゲと泡立てたクリームと栗が一緒になったそれは原始的モンブラン、これぞ「白い山」。

下鴨神社のそばの茶寮で食べた栗しるこが絶品だったという友達の話を聞いて、食べたいと思うも、なにせ場所が少々行きづらい。ところが京都駅の新幹線改札内にもお店があるのに気づいて、ちょうど新幹線に乗る予定があったのをいいことに早目に改札を通り、はたしておいしい栗しるこ。栗より栗を感じる栗っぷり。コクがあるけれどあとくちがさらっとしているこの甘さは栗ならでは、と思います。

モンブランにかぎらず、カフェへ行けば栗を使ったケーキやパフェに心惹かれては食べ、食事に行けばデザートも栗のものを選び、あるいは選ぶまでもなく栗のものが出てくる、これはやはり旬ってことでしょう。

栗のお菓子は基本的には華やかな見た目ではないけれど、味はたしか。実力があるゆえに飾る必要がないのだ、と勝手に納得してしまいます。

さて、栗ばかりでしたので、最後に柿も少し。毎月変わる琥珀流し、十一月は柿。実は初めて食べました。柿の甘さとトロッとした食感が、寒天とよく合います。十月の琥珀流しは栗なのですが、これに関しては栗より柿が好きと思いました。

師走、顔見世、事始め

2016.12

落葉や名残の紅葉を愛でつつも師走、気づけば十二月も半ばを過ぎて。「師走」っていうのは先生（教師や師匠）が忙しくて走るのだといつごろまでか思っていました。本来、走るのは僧侶なんだとか。たしかに先日、とあるお寺を北から南へ通り抜けさせてもらいがてら散策していたら、すれ違うお坊さんたちが早足なので、「しわすシワス」とひとりごちたのでした。

これも勘違いで、「事始め」とは年が明けて初めてさまざまな物事を行うこと（初夢とか初笑いみたいな）だとわりと最近まで思っていました。そうではなくて、お正月の準備を始めることとなのでした。十二月十三日にスタート。祇園なんかの花街だと、芸妓さんや舞妓さんがお世話になった方々に挨拶をするのが風物詩にもなっているそうです。

とはいえ、こちとらお正月の準備といってもとりたてて何をするというわけではありません。一応、年賀状の準備と、煤払《すすはら》いめいた掃除くらいでしょうか。生まれた街に住んでいるため帰省らしい帰省もなく、のんきなものです。

そんな事始めとは縁の薄い身ながら、今年は友人に誘われて、古代米でしめ飾りを作ってみたりなどしました。寺町二条角の雑貨店にて。完成品も販売されていて、すべて一つひとつちょっとずつ違うようでした。

紅葉シーズン（今年はここ数年では早かった気がします）が終わって人出も一段落かと思いきやそうでもなくて、街に出るとこの人の多さは年末だからか、そんなにみんな忙しいんやろか、などと思う自分だって混雑に一役買っています。

南座にまねき看板が並び、これも年末の風物詩。今年は南座が改修中なので、公演は先斗町の歌舞練場で行われています。歌舞伎は見に行かないまでも、顔見世という名前の和菓子を食べました。隈取《くまどり》を模した薯《じょう》蕷《よ》饅頭、白い皮の内側から紅色が透けているのが美しい。

数少ないお正月準備の一つに、「大福茶を買う」がありました。一年の邪気を祓い、新年を祝って元日に飲むという平安時代からのいわれ。香ばしい玄米茶は、元日と言わず今からもう飲みたい。髙島屋限定のティーバッグが便利です。

何やかんやで慌ただしいこの季節。追われるようにして、気づけば自分も小走りになっていたりします。そんな気ぜわしさをひととき忘れるような時間がふと訪れます。和菓子屋さんのしつらい、クリスマスの赤とは違う赤にふと見とれて足を止める。蒸し寿司が蒸しあがるまで、お客さんがほかに誰もいない店内で、何をするでもなく、ただじっとしている。案外そんな取るに足らないような断片の時間で、人生はできているのかもしれません。

生きるの大好き冬のはじめが春に似て

池田澄子（『池田澄子句集』）

お屠蘇気分はいつまで

2017.1

松の内も明けないうちから、街には恵方巻きやバレンタインの文字が現れて、もうちょっと待って、と思います。それでなくてもせわしない日常は、早々にお正月気分を追いやってしまう。抗うかのように、お雑煮を食べます。甘味処でもいただけることがあるので、おやつにうってつけですが、悩ましいのが、甘味処なのでおしるこにも心惹かれるところです。お雑煮VSおしるこ。いや、両方食べればいいんです。この勝負、引き分け。精力的に食べに行きましたが、食べ損ねた湯葉入り白味噌雑煮は来年までおあずけです。

今年、積極的にやってみたいと思っているのは、通りすがりの和菓子屋さんにふらりと入ってみること。百貨店に出店しているような大きなところではなくて、そこ一軒しかないようなお店。この街はちょっと歩けば和菓子店に当たるという感じで、うっかり通りすぎてしまうくらい控えめなお店構えであることも多いです。入るのにちょっと緊張するのですが、つつしんでお邪魔します。

とあるお店の場合。入ると来店を知らせるチャイムが鳴って、奥からお店の人が出てきてくださる。ごめんください、いらっしゃいませ、こんにちは。置いてある見本を見て、これとこれとこれをください、とお願いします。包んでもらって、お代を払って、お釣りをもらって、ありがとうございました、ありがとうございました。なんというのか、まっとうな商い、という感じがする。紅白の梅と雪の結晶のお菓子をいただきました。

通りすがれるような場所にないお店には、わざわざ行くこともちろんあります。上賀茂の住宅街にあるお店の、甘酒の琥珀。松の見立ての鮮やかな緑に、きらりと輝く金箔でいっそう華やかです。

もう一つ、今年の抱負は、フランソア喫茶室のケーキを全種類制覇したいということ。全部で二十種類ほどですが、売り切れていることも多いので、ささやかな願いに見えてたぶんけっこう大変。こないだ食べたのは、りんごがごろごろ使われたタルトタタンと可憐におめかししたプリン・ア・ラ・モード。

そういえばこの店内、去年の末に、全席禁煙になったのです。煙草を吸わない身としては快適なのでありがたいかぎりだけれど、壁のいい感じの飴色は長年の紫煙《しえん》によるものなのでは、などとも思う。愛煙家の常連さんたちにとっては、さみしい変化だったのではとお察しします。

いろいろなことが、少しずつ、時に劇的に、変わっていく。毎年冬は繰り返し、年を歳を重ねては、死ぬまで生きていくんでしょう。今年はどんな年になるのかな。

ひとりで行きたい店、おおぜいで行きたい店

2017.2

夕方、ほんの一週間前とほぼ同じ時間のバスを待っていると、あきらかに日が長くなっていることに気づいてびっくりします。蛇口から出てくる水が以前ほどは冷たくないこと、雨の日に思いのほか空気がぬるんでいること、晴れた日のひなたがあたたかいこと。春の気配はすかさず逃さず、貪欲に感知していきます。といっても、（まだもう一回くらいは雪降るやろ、知ってんで）と思う。遠いようで近く、近いようで遠い春。

チョコレート祭ことバレンタインデーが終わったら、街は桃の節句こと雛祭の装いへと衣替え。雛人形、七段飾りの壮麗なものも、親王飾りだけの素朴なものも、それぞれによさを感じます。京都は男雛が向かって右、女雛が向かって左。幼いころは、人形飾りを出すのが一大イベントでした。お人形のセッティングも楽しかったけれど、おままごとみたいなお道具も好きだった。段の骨組みを組んで緋毛氈《ひもうせん》を敷くのも。

春を前に書店をのぞくと京都を特集した雑誌が豊作です。そういえば最近あまりこの手のものを買ってなかったなと何冊か手にとってみると、新しいお店がぐんと増えているようで、ここ行ってみたい、ここよさそう、というのがいくつもあって、そのままレジへ。

行きたいお店を拾っていくと、ここはあの人を誘ってみようかな、ここへはひとりで行ってみよう、ここはおおぜいで、というふうに、自然とイメージがわいてきます。

ひとりで行きたいのは、おもにカフェや喫茶店。四条木屋町を上がったほうまたは下がったほうへその時々で、三条下がって寺町と新京極の間の骨董喫茶（猫がいます）、柳馬場夷川のカフェ（グランドピアノがあります）など。もし誰かと行くとしたら、このお店の雰囲気が好きそうだな、よさがわかってもらえそうだなと思った人と。お店の人と顔見知りでも、心地よい距離感で適度に話し適度にほっておかれるのがよいです。ひとりの時間の大切さと至福。

みんなで行きたいのは、お料理の種類と量が多いお店。たとえば二条駅そばの中華、吉田東通のイタリアン、一乗寺のビストロ、建仁寺裏の洋食店など。たくさんのメニューから、心惹かれるあれもこれもみんなと一緒に食べられるのが本当にうれしい。食べるのが好きな人たちと行くので、目の前の課題（＝料理）に真剣に取り組み、話題は今食べているものへの賞賛が中心になります。デザートは全種類頼み、お酒をそこそこ飲んでも、お会計で驚くことしばしば（安い、ありがたい）。

あたたかくなるにつれて、外に出る足取りが軽くなっていくのです。春を感じるためにも、ぜひ出歩きたいと思います。ひとりでも、おおぜいでも。

Ⅳ

2017.3〜2018.2

光をあつめて

2017.3

どんなに花粉症に泣かされても、春が好きなのです。まだまだ寒いけれど、立春のころにはたしかに春めき、かと思えばまた寒の戻りとあたたかい日とが繰り返し、春分の日には「今日のコートじゃ分厚すぎたな」と感じる具合です。いい香りがする、と思ってそのありかを探すと、花があります。梅、沈丁花《じんちょうげ》、木蓮や辛夷《こぶし》など。天を向いて、花開く準備は万端。

お店にはやばやと並ぶ桜餅を横目に、大好きなのだけれどもうちょっと実際に桜の気配を感じられるようになってから食べたい（それまでは椿餅やうぐいす餅を）と謎の意地が顔をのぞかせるのですが、さすがにもういいでしょう。まるっこいそれを手のひらに乗せると、小鳥みたいだと思いました。

とはいえ、彼岸過ぎても寒さは健在、冷える日の外出は、甘酒ぜんざいで暖をとって。和菓子店に併設されている茶房、よいものです。

晴れた日は陽光が貴い。手袋がなくても大丈夫そうなら、大きなモチーフの指輪をつけます。ただでさえまばゆいガラスが光を集めて、きらきらと鳴りだしそう。陽に透かして手をちらちらと動かしては見惚れます。ピアスイヤリングネックレス、アクセサリーはいろいろあれど、「つけていて自分でよく見える」という点で指輪にアドバンテージがあるのです。自分のために装う喜び。

ロシアの春のお祭りは、マースレニッツァというそうです。直訳すると「バター祭」。

最高ではないですか（バターが好き！）。ロシアのクレープ、ブリヌイをたくさん食べて、冬を送り、春を迎える期間とのこと。マースレニッツァしたさに、ブリヌイをたくさん食べて、行きました。一軒は北山のヨージク、もう一軒は四条大橋北東のキエフ。おなじみボルシチやピロシキ、餃子好きなら外せないペリメニ、つぼ焼き、カツレツ、ロールキャベツそしてブリヌイ。まだ行ったことのない寒い国に思いを馳せながら、もりもり食べました。

獅子のようにやってきて、羊のように去っていくという三月。その荒々しさもおだやかさも愛せる人間でありたいと思いました。雨のなかに微笑していたい。

どなたさまも、どうかよい春を。

桜パトロール

2017.4

今年は遅かった京都の桜も、もう見納めになりました。早咲きのものから数えるとなんだかんだ一か月近く続く桜の季節が、開花が遅れた分、いつもより短かった気がします。

雨の日も多かったけれど、あちこちへ足を運んで桜を見ることができました。まずは通勤路に咲く桜でその到来を知ります。朝に晩に、晴れの日も雨の日も通りがかる、一番なじみ深い桜です。

忘れられない桜の記憶があります。花々の美しさに加えて、その日の日差しや気温や風の具合、一緒に行った人のことなどが相まって。あの光景をまた体験したいなという気持ちと、あまりにすばらしかったので上書きしたくないという気持ちの間で揺れます。ふたたび行ってもきっとすばらしいだろう、でも初めてのときにはかなわないのではないか？そんな恐れを抱いてしまうのです。

それはたとえば原谷苑《はらだにえん》で、五年前に行ったきりなのだけど、燦然《さんぜん》と輝ける記憶として今もあります。ここが極楽だと思った。またいつかと思いながら今年も果たせず、代わりにというわけではないけれど、京都で春を迎える人にお薦めしたら、とても喜んでくれたのでよかったです。

とはいえ何度も見に行く桜がそれに劣るのかというとまったくそんなことはなく、いつだって花は期待を裏切らない美しさで迎えてくれるのでした。

たとえば東寺の夜桜。会社帰りに歩いて行けるのをいいことに、開花具合やお天気を見定めて、「今日や」という夜、通り道の酒屋さんで一杯ひっかけて、ほろほろ浮かれて参ります。早い時間は行列ができているらしいですが、遅がけならすぐに入れました。まずは大きなしだれ桜、それから池に映る桜、五重塔を遠景に配する桜、塔とともに仰ぎ見る桜、閉門後に振り返って見るしだれ桜と五重塔。コートのポケットに忍ばせていた三色団子を食べながら。

それから銀月アパートメントの桜。剪定されて少し姿が変わってしまったけれど、大きな枝ぶりは変わらず見事で、二階の一室から飽きず眺めました。

木屋町、高瀬川沿いの桜や祇園白川の桜は、近くを通りがかるたび蕾をたしかめます。いよいよ咲いたらしいとなれば気が逸《はや》り、駆けつけて。

そのまま足を伸ばし八坂神社を抜け、円山公園まで。有名なしだれ桜は記憶にあるより一回り二回り小さくなったようだけれど、さすがの貫禄を感じさせます。夜に浮かび上がる枝々が発光しているように見えるのは、ライトアップの光源のせいだけではないみたい。

蹴上のインクラインの桜を見に行けば、そのまま歩いて岡崎疏水沿いの桜、さらに歩いて歩いて川端通まで。桜の木がないところにいると違和感をおぼえるほどに、桜にまみれました。

そして仁和寺《にんなじ》。御室桜の特徴は、咲くのが遅いということと、背が低いということです。花が鼻のあたりの高さなので、嗅覚でもお花見。桜の森越しに五重塔を見やれば、一面に広がる花が雲海のようです。ちょうど満開の日に行ったら、あたたかさのせいか早くも花びらが舞い始めていました。二日ほど前はまだ三分咲きで全然だったらしいのに、ほんの数日でこんなにも花盛りになる。それは儚いというのではなく、出し惜しみのない潔さや情熱的な力強さのように思えました。『ロミオとジュリエット』、あれはたった五日間の物語なんだっけ、という連想がよぎり。

そんな春でした。今年行けなかった桜は、また来年のお楽しみに。

もしも季節を選べるならば

2017.5

五月。つい数週間前は桜色に染まっていた街が新緑に塗り替えられ、早くも夏を思わせる濃い影までが緑色に感じられます。

京都のベストシーズンを尋ねられたら、春も秋もさしおいて、五月だと言いたい。今、今いま、ジャストナウです。単に一年で一番好きな季節なんでしょと言われたら、その通りなのですが。でもほら、桜がきれいな場所は新緑もきれいだし、紅葉の名所であれば青もみじが目を楽しませてくれるし、桜でも紅葉でもなくても緑燃ゆるところだってありますし。どこもかしこも、たやすくきれいになるのです。

年々夏と冬が長くなっていくようなこのごろ、短い春から初夏へと移りゆくこの季節は、その短さゆえの貴重さもあいまって、本当にすばらしい。四月の、春になったうれしさとともに何か不安定でそわそわとする感覚も晴れて、澄みわたった気持ちになります。

晴れても降っても、風が吹くのもまた一興。葉は花のように散ったりしないので。そよぐ音が心地いいです。朝もよし、昼もよし、夕方もよし、夜もよし。

川端通の鴨川側の歩道、特に松原橋あたりから三条大橋あたりまでは、ちょっとした森のようです。日中、太陽の光が映える鴨川の水面は、夜になれば今月始まったばかりの川床の灯りに照らされます。

ジャスミン、薔薇、ライラック、くちなし。夜道を歩いていると、どこからかいい匂いがしてきて、それを辿ってさまようのもこの季節ならでは。暗い中に咲く小さな白い星々。

西本願寺には、その名も滴翠園《てきすいえん》というお庭があります。みどりしたたる。木々も池もたっぷりと翠色を含んで、そこに建つのは飛雲閣。金閣、銀閣と並んで京都三名閣と呼ばれているそうで、たしかに見事な楼閣です。池から舟で建物に入っていたというのがユニーク。

先月おとずれた桜の名所にふたたび行けば、世界ががらっと変わったように思えます。しっとりと濡れる日もまた美しいインクライン。肌寒くもなくぬるくもなく、完璧な風が吹くのもこの季節の恵み。

楽しくおいしい食事の帰り道、ほろ酔いの頬を涼やかに撫でる風と心地よい夜の闇に、裸足になりたい誘惑にかられます。拝観時間のとっくに過ぎた八坂神社や建仁寺、そのひとけのない境内をそっと通り抜けていくのも好きです。夜だからって門が閉ざされたりしていないところに寛容さを感じる。

きさらぎの望月のころに死にたいと詠《うた》った人がかつていたけれど、もし自分の寿命が尽きる季節を選べるのなら、今のこの季節がいいと迷いなく思うのでした。

エスニック、エスニック

2017・6

ちょうどよい、心地よい季節はみるみるうちに過ぎて、雨の時季です。梅雨それ自体が風物詩であることはいうまでもなく、梅雨入り宣言がなされたとたんに晴れの日が続くのもまた風物詩であるように思います。

いずれにしても、この湿度。京都の夏は過酷、なんでこんなに暑いんだ、沖縄の人もめげる、日差しが凶悪、などとよく言われますが（そしてそれらはおおむね事実）、気温に加えて湿度の高さもその悪名高さの原因ではないでしょうか。京都にかぎったことではないのかもしれませんが、日本は温帯だと習ったのが疑わしくなるほどに、年々進む亜熱帯化。それにともない、いや増すのはエスニック料理への希求！　春秋冬にも食べたいけれど、やっぱり一番おいしいし欲するのは夏です。暑い土地のごはんは、暑い季節に食べるのが最もその真価を発揮します。この気候にうってつけ。

京都でおすすめのごはん屋さん教えて、と聞かれるとき、多くはいわゆる京都っぽさ＝「和」を期待しているであろうからそのニーズに応えるのですが、本当はエスニックもおすすめしたいのです。ええエスニック料理屋さん、ぎょうさんありますえ。

去年の秋、京都のおいしいもの好きたちを嘆かせたのは、あるタイ料理店の閉店。そのお店カティを初めて知ったのは大学時代、東京から京都へ帰省中に友達が連れて行ってくれたのでした。当時は荒神口にあって、一階がガレージになっているビルだったのをうすぼんやりと覚えています。

すぐそばにThe King and Iというタイ料理店もあって、こちらはもうずっと前になくなってしまった。カティとは好対照な王朝風（?）の重厚感ある内装が、これもまたうっすらと記憶の片隅にあります。

タイやベトナム、モンゴルや中近東のお料理が食べられたエスカピも今はもうないけれど、その後同じ場所にできたユララではラオス料理を味わえます。辛すぎないし、お米（手でこねて食べるのがおもしろい）もあったりして、親しみやすいおいしさです。ラオス料理ならもう一つ、今出川寺町のカンティはぐっとモダンな趣で、また違ったよさがあります。

タイ料理店パクチーは、タイ行ったことないけど、たぶん現地ってこんな感じなのではと思えるようなにぎやかさが楽しく、安さも魅力。キンカーオや佛沙羅館《ぶっさらかん》、バーン・リムナームなど、鴨川沿いにも揃っています。今の季節、川床があるお店も。

ベトナム料理なら北白川のスアンとか、烏丸蛸薬師のコムゴンとか。

寺町二条の隠れ家的な一室にあるトルビアックは、タイとベトナムのいいとこどりです。

インドやトルコやモロッコも少々。

みんな大好きタルカはインド料理。昔からある安定と実績のケララやムガール、南インドのミールスやビリヤニが食べたいときはムジャラやティラガへ。それからヌーラーニ、カマル、ダルマサラとお店の名前を唱えれば、まるで呪文のようです。

トルコ料理を食べたいときはイスタンブールサライへ行きます。今年こそ行ってみたいのはネパール料理、店名を一度聞いたら忘れられないヤク&イエティです。ロティサリーチキンやタコスなどのメキシカンも気になる。

と、書き連ねるだけでみるみる紙幅が尽きてしまうのです。

辛かったり酸っぱかったり甘かったり、万華鏡のように鮮やかな料理たち。五感を刺激される爽快さ。感知しきれないほどさまざまなスパイスが使われて、複雑でありながら散漫ではなく、ぴしっと味が決まっている。そんなおいしさが脳裡によぎれば、たちまち胃も心もエスニック料理の虜です。暑さをしのぎ乗り切る知恵が育んだごはんを、もりもり食べたい、夏の始まりです。

かみさまたちのいるところ

2017.7

今年もこの季節がやってきた！　七月、飽かずに祇園祭です。出社前と退社後ほぼ毎日通い、日々、山鉾が建てられていく様子をチェックするほどに愛が強い人あり。かたや、初めての京都暮らしで祇園祭の全容がわからないまま鉾町に住んでいる人もあり。それぞれに祇園祭との出合い方、楽しみ方があるのだと思います。

祇園祭（前祭）のハイライトである十三日から十七日まで、連日なんだかんだで鉾町へ足が向いていました。しだいに出来上がっていく山鉾をたどりながらそぞろ歩いたり、鉾に上ってみればちょうどお囃子のただなかでレイヴのようだったり、恒例の菊水鉾のお茶席は今年もマストで、「何があなたをそうさせるの」と聞かれても、「だってお祭りやから」って答えるほかない。

食べる祇園祭。

どこからかやってくるタイプの屋台ではなく、もともとそこにあるお店が出す屋台が好きです。年々行列が長くなっている気がする（一時間半待ちの日もあると聞きました）、膳《ぜ》處漢《ぜかん》ぽっちりの「しみだれ豚まん」は宵山名物。平日の夜に通りがかったら、「最後尾」

の札を持つお店の人に「こんなん並んでるうちに入りませんよ」と言われ、何年ぶりかでありつけました。食べごたえ。

限定メニューが店内でいただけるお店も。イルチリエージョは宵山限定で一品五百円の小皿料理がラインナップです。器こそ紙皿だけれど、本格的なイタリアンに舌鼓。

和菓子屋さんがこぞって出す祇園祭の上生菓子は、「祭りの夜」「鉾めぐり」「稚児の舞」「祇園囃子」「御巡行」など、菓銘もすてきです。食べられる粽《ちまき》が好き。

七月十七日は、前祭の山鉾巡行。暑いし人多いし交通規制されるけれど、何度見てもやっぱり生で見たいと思うし、何度でも感動を覚えます。

昨晩上った鉾やご神体を拝んだ山が懸想品フル装備でゆっくりと進む姿は、なんだか不思議で、勇壮で美しく、華々しくも神々しいのです。幟《のぼり》をなびかせる風が頬をなでるのも、みしみしと軋む音も、この身で感じる醍醐味。宵山の期間などもそうなのですけれど、ギリギリまで（時間的にも、物理的な距離の近さという意味でも）車道に一般車輌を通すあたりに、このお祭りの、この街の胆力を感じます。

絢爛な山鉾が道々を清め祓うと、その宵、三基の御神輿に乗った神様たちが四条寺町の御旅所へお越しになります。いつもはおみやげ屋さんの場所に、このときだけ御神輿が祀られます。というか、本来は御神輿を祀るスペースを、今以外はおみやげ屋さんにしているというほうが正しいのかもしれません。ろうそくに灯をともして、お参りをしました。ようこそ、ようこそ。

七月三十一日まで続くこのお祭り。神様たちのおわしますこの街で、今年もどうか無事に夏を過ごせますように。

水のある風景

２０１７．８

大きい川の流れる街はいいなあ、と思います。初夏に行ったイタリアでも、ヴェネツィア、フィレンツェ、ローマ、どこも大きな川があって、それだけでもう好きになってしまう。その風景がとてもゆかしいのです。

京都は大堰川もなじみ深いのですが、この夏はすっかり鴨川でした。

みんな大好き、出町柳の鴨川デルタ。ある日は下鴨神社のみたらし祭の帰り、さっき池に足をつけてきたばかりなのに、またつかる。水の冷たさは全然違っていて、キンと芯から冷えるみたらし池と比べれば、さんさんと光を浴びる鴨川の水はぬるく、それはそれで心地よいものです。

下鴨神社と同じく糺の森にある河合神社は鴨長明ゆかりの神社ですが、中学校か高校で暗唱させられたかの有名な一節「ゆく河の流れは絶えずして、しかももとの水にあらず。よどみに浮かぶうたかたは、かつ消えかつ結びて、久しくとどまりたるためしなし」が意外とすらすら出てきて、昔取った杵柄《きねづか》あなどりがたし。

当たり前のように止まることなく流れる水の不思議を思います。あるところは速く、あるところはゆっくりと。高かった日が少しずつ落ちて、夕暮れ、空の青が刻々と変わりゆくマジックアワーを待って。

またある日は、おなかのくちい昼下がり、出町柳を通りがかって、思わず水辺に下りました。くるぶしまであるワイドパンツの裾を膝上まで捲り上げる友達が頼もしく、こちらも浴衣だろうが気にしない、裾をからげて飛び石を渡ってお気に入りの千鳥の石を確保、足を水につけて涼みます。石切りがへたくそで、何度やっても全然できない。うまい人はどうしてあんなふうにできるのですか。寝そべって見上げた空は、その青さも雲の形も、見事なまでに夏でした。

鴨川百景。

けらけら笑い合っていたかと思えば不意に真剣な面持ちで川を渡っていく制服の生徒たち。お父さんと一緒に飛び石を渡りながら、隙あらば水につかろうとする男の子（絶対にわざと川に落ちている）。二人で浴衣を着た似た者同士のカップル。いつのまにか舞い降りてきて超然と立っている、シュッとした白鷺《しらさぎ》。水着着用&シャチのうきわ持参で、もはやプールの男の子。シャボン玉を吹いている女の子、うらやましい（今度やってみたい）。かわいいサンダルが片方うっかり脱げてしまって悲しそう、だけど泣きわめくほど幼くはないとたぶん自覚しているのか、流れ去っていくサンダルを黙って見送る女の子。対岸からは楽器の音色がとぎれとぎれに、あっちの飛び石では若者たちがスピーカーで流すちょっと懐かしい曲が聞こえてきます。

人間だけじゃなく、散歩する犬も多く、さしつかえなければ撫でさせていただきます。犬にもそれぞれ個性があって、同じ犬種であっても勇敢にザブザブと川を渡る子あれば、岸に戻ろうとするところをおやつでなだめられる子あり。

川の空気は自由にする。誰もが思い思いに過ごしている、そのことがうれしいのです。たっぷりと水をたたえながら、少しずつ季節はうつろっていきます。

くちうつしで甘い水をわけあえばたらりたらりと明日になれる

東直子（『十階』）

夏と秋のあいだで

2017.9

夏が終わるさみしさと、暑苦しさ（今年は湿気がすごかった！）から解放される秋のいとしさとが、ないまぜになる九月です。三年前の九月には、こんなことを書いていたのですが。「夏は好きでも暑いのは苦手なので、夏が去るのはさほどさみしくもなく、涼しくなるのすばらしい、熱烈歓迎！」。

いずれにせよ、はい今日で夏は終わりでーす、明日から秋が始まりまーす！　と何者かが宣言するわけではないので、そのうつろいを楽しみたいと思うのです。夏と秋の割合が、今日は四対六くらいとか、今日は七対三かなとか、単純に数値化できるものでもないけれど、なんとなくそのように測ってみたりもします。朝と夜でも気温はずいぶん違います（この盆地の寒暖差の大きさよ。それは秋の紅葉が美しい理由の一つでもあります）。

コンビニエンスストアでは、八月が終わるか終わらないかくらいでもう肉まんとおでんが始まって、街中ではハロウィン関連の何某も売り出されるものだから、なぜそんなに生き急ぐのかという気持ちにもなるのですが、季節は先取りするのが粋、といえばそうなのか。などと思っていたら、ある日の夜、予想外の肌寒さに半袖から出た腕をさすりさすりおでん屋さんに駆け込み、早くも初おでん。あたたかいおだしが沁みます。正解、おでん正解。飛龍頭と書いてひろうす、がんもどきとも言うのでしょうか、が好きです。

と思いきやまたある日の昼、突如「あ、夏終わる前にあれ食べとかな」とひらめいて足が逸り、お蕎麦屋さんへ。甘辛いつゆのからんだかしわと大根おろしののったみぞれそば。あったかいのと冷たいのが器の中そして口の中で一つになるさまは、まさに夏と秋を揺らぐ季節にふさわしいのでした。

夏が終わるのさみしいな、という人に、「大丈夫、わたしたちには秋がある」と言うのだけれど、さみしいのは事実で、あともうちょっとだけ待って夏。その思いを叶えるために、花火を見ました。花火をしました。

ある夜は打ち上げ花火を見に遠くの小さな町へ行きました。お祭りの屋台に気をとられていたら、もう打ち上がりはじめてしまった。家々の屋根越しに花火を仰ぎ見ながら、友人の家へ。二階から眺める花火の色とりどり、そして小気味よく響く音に、過ぎゆく夏が思い返されます。

またある夜は鴨川の飛び石に座って線香花火を。水辺は思ったより涼しく、缶チューハイとアイス（種類別・氷菓）を買ってきたことを少しだけ後悔。あたたかいものがほしい！それかこの川の水が温泉だったら最高なのに、足湯足湯、などと勝手なことを言います。

火は熱い、水は冷たい、夏は暑い、秋は涼しい、どちらも本当で、二つのあわいで揺れ動く、せめぎあう。どちらでもあり、どちらでもないものがこの世にはあるのです。曖昧をみとめたい。もう少しのあいだ、どっちつかずをゆるしたいと思います。

九月、美を夢みるといふのは八月の美しさがまだ続いて、やや静かになつてゆく季節。

——片山廣子

儚くはぜては消え、咲いていた火。眼裏に瞬きがよぎります。夏の美しさを携えたまま、次の季節へ。秋には秋の、美しさがあります。

2017.10

短い秋を追うように

金木犀の木の中に入ると、小さなプラネタリウムのようでした。橙色《だいだいいろ》の小さな星々が光の代わりに香りを放つ。真昼の陽光の中でそれは、柔らかな音を立てているみたいにも思えました。

長袖のブラウスで出歩けた日々はつかのま、急に寒くなって、このまま冬に突入してしまうのでしょうか。「暖の戻り」があってほしい。秋、深まるのは結構なのですが、もうちょっと加減してください。

秋といえばさつまいも、かぼちゃ、りんご、柿、そして栗。素朴なお菓子も大好きだけれど、アシェットデセールの高揚感もまたよしです。お皿に盛られたデザートは、持ち帰ることあたわず、今ここで食べる喜びに満ちている。できたばかりの未完というお店、遅がけで開いているのもうれしい、秋の夜は長いですから。

まずは小さな一皿、次が三種類（この日はチョコレートか無花果か栗）から選べるメイン、口直しの白鳥のシューは塩味、最後に焼菓子、とコースに仕立てられています。栗は和栗と洋栗を、それぞれ山椒と洋梨と合わせてあるのです。色も違えば風味も違う、そうか栗といっても和と洋でこんなにも違うんだと、自然と顔がほころんで。

秋の雨、降るごとに木の葉の色が深くなっていく気がします。雨上がりの夜に匂う金木犀はいっそう濃く甘く、濡れたアスファルトに散る小さな星が妙に鮮やかで。

秋冬の支度をしたいと思い、ある日向かったのは帽子屋さん。ひっそりとしたビルの三階、アトリエが併設されています。小粋なベレー、妖精みたいなポンポン帽、シックなダリアがついているもの、絶妙な色合いのファーが添えられたもの、あれもこれもと目移りします。ブランドの名前「イマージュレール」とは想像上の現実という意味の造語だそうで、物語のようにすてきだけれど日常で使うことのできる、絶妙な匙加減のデザインです。

お店中の帽子全部かぶる勢いで試着、試着。棚に置かれた状態と自分の頭に乗るのとでは、印象が変わる。かぶってみないとわかりません。見ただけではピンとこないものがかぶるとしっくりくることもあれば、これは似合うと思って意気揚々とかぶってみるとそうでもなかったり、一つの帽子がかぶり方によってかっこいい感じになったりかわいい雰囲気になったり、おもしろい。連れ立って行った友達ともども、これという一点が見つかって、お会計後そのままかぶって帰りました。

秋の日は日に日に短く、夜は長く、昼夜どちらも楽しみたいという気持ちで心は肥えて、いつのまにかずいぶんと高くなった天を見上げるのでした。

わたしを置いていく

2017.11

旅に出ると、帰ってきたあとも、旅先のかけらが自分の中に残っている感覚があります。滞在先で吸い込んだ空気、目にした風景、食べたもの、聴いた音、触れたもの、匂い、胸にこみ上げた熱、その残滓がいつまでも消えることなく、どこかにたしかにあるような。はるか遠い場所であっても、目を閉じればその香りが鼻先をくすぐることがあるし、前触れもなく眼裏によみがえったりもします。

おみやげ（自分用のおみやげはスーヴニールといって人にあげるのとは区別する、いい言葉だなと思います）を買うのは、記念という意味もあるけれど、その場所の何かを持ち帰ろうとする気持ちなのかもしれません。

「自分の中にその場所がある」だけではなくて、「その場所にも自分が残っている」のかもしれない、と、いつからか思うようになりました。自分の中のある部分と、ある場所の一部分とを交換する感じといえばいいのでしょうか。一般的な物理の法則は無視できるものとする。だからヴェネツィアの夜のサンマルコ広場に、プラハのヴィシェフラット墓地に、ヴァイマールの雪が積もった広場に、パリの名前わかんないけどどっかの路地に、今もわたしがいます。

旅先じゃなくて、京都でもそう。二条通のあの角、四条木屋町の喫茶店の窓際、鴨川の飛び石、あちこちにわたしがいる。

それはたぶん、自分自身だけではないのです。一緒にそこへ行ったことのある人も、そこにいます。たとえその人がもういなくても。いなくなっても。

寺町の喫茶店の二階、ヴィンテージのアクセサリーやお洋服が並ぶお店、エキゾチックな家具店、老舗のお茶屋さんの本店、猫がいる喫茶店の一番奥のソファ、町家の中華料理店のお座敷、ミシマ社の本屋さん、真新しい宿のレストラン。

京都に、あなたが置いてった。

それを辿るように、時折、街を歩いています。

十一月、今年は紅葉が早いようです。赤が燃えて、花のように咲いて、その真下に立てば全身を染め抜くような赤が、青空をまっすぐに貫いている。

赤い色を見ると思い出す人がいます。赤の似合う人、真っ赤な色のような人。その人がいた場所、書いた言葉、残したもの。圧倒的な欠落は、それゆえに絶対的な存在感を放つのだと、知りました。二度と帰ってこない遠いところへ行ってしまっても、いなくならないんだということを。今もあちこちに、いるのだということを。

私が単純な事物の背後に隠れるのは、きみが私を見つけるようにです。
私を見つけなくとも、ものを見つけてくれるでしょう。
私の手が触れたものに触れて下さるでしょう。
私たちの指紋が重なって一つになるでしょう。

（ヤニス・リッツォス「単純性の意味」中井久夫訳）

聞いていて

2017.12

お香の老舗の本店で、「聞香《もんこう》を楽しむ会」に参加しました。友人の誘いにほいほいとついていったので、予備知識ほぼなしです。そうか香りは「聞く」んだと思うと不思議なような、でもしっくりくるような。

広いお座敷の壁に沿うように、参加する人たちがコの字型に座ります。コの字の空いている一辺に、隣の部屋から香炉一式を持った人たちが現れて、「組香《くみこう》」のはじまりはじまり。イ、ロ、ハ、ニ、とカナが振られた四つの香りを聞き分けるとのこと。まず、「これは〈イ〉の香り」と種明かしされた状態で、順に香炉が手元にやってきて、香りを聞いたら隣の人へ渡します。一通り香りを把握したら、次が本番。どの香りかを伏せられた状態で、五つの香炉が次々と回ってきます。そうして、どんな順番だったかを当てるのです。「ロニハニイ」「ニイロハニ」などというように（「ニ」だけ二つあるので、全部で五つの香炉が回ってくることになります）、自分の回答を紙に書きつけます。

香炉は脚つきの大きなお湯呑みのような形で、八分目くらい入った灰（中にはあたためられた炭）の上に、カバーガラス（スライドガラスの上に置いてプレパラートを作るあれ）が、その上にごく小さな香木がのっています。プレパラートなんて懐かしい単語が出てきたのは、整然と並べられた道具や、よどみなく執り行われる一連の動作が、なにか研究室を思わせるからかもしれません。カバーガラスのようなものは雲母《うんも》の板で、「銀葉」と美しい名で呼ばれるのでした。

「香りを把握したら」と書きましたが、そう簡単ではない。中には個性の強い香りもありますが、予想していたより、香りに差がありません（共通するのは、「いい香り」だということ）。香りの違いを聞き分けるのも、覚えておくのも、難しいのです。本番で香炉が回ってきたときに、「これはどれやったっけ、イ……？ いや、この感じはハかな」という具合。当たらなくてもいいのですよ、とのお言葉に、少しホッとする。でも、せっかくなら当てにいきたいと思うのも人情です。

香りを覚えようとすることで、自然、よく聞くようになります。目の前に置かれた香炉を右手でいただき、左手に持ち替えて、右手を覆いのようにして香りを聞きます。くんくん。くんくんくん。薫香を聞く。目に見えない音に耳を澄ますように、じっと香りに心を傾ける。

嗅覚は五感の中でもっとも記憶との結びつきが強い、と教わったことがあります。ある香りを嗅ぐと、それにひもづいた思い出が一気にあふれだす。あるいは空耳みたいに、香りがふっとよぎることがあります。今ここで実際に香っているわけではなくて、頭の中でよみがえって。匂いの記憶、匂いそのものの記憶。

ところで、この日の組香は「鳥跡香《ちょうせきこう》」というものでした。酉《とり》年の最後にふさわしいとの趣向で選ばれたとのこと、師走の気ぜわしさを忘れる雅なひとときとなりました。

「飛び立った鳥は跡を濁さず、ただただ美しい香りの余韻だけが残響のようにただよっていて、おあとがよろしいようで。新しい年は戌《いぬ》年、犬のように鼻をきかせて、心はずむような香りを匂いをたくさん聞けますように。

はじまる、つづく、めぐる

2018.1

年が明けて一月、また新しい年が始まりました。幼い頃のようなお正月の特別感はもうずいぶん薄れてしまったし、街に出ても、初詣のお客さんを見込んでか、年始早々いつものように開いているお店も増えているようです。それでもこの季節ならではの味わいはやはりあって、たとえば今年の場合。

大晦日から夜をまたいで友人たちと年越しを。あたたかい部屋であたたかいものを食べてはしゃべり、休んでは食べ、またしゃべり。ゆるゆるとおだやかに夜が溶けていきます。

初詣はここ数年、松尾大社へ。今年は前厄なので、厄払いもしてもらいました。山の麓の澄んだ空気が心地よく、自然といつもより背筋が伸びて、頭を垂れて手を合わせます。

お雑煮。京都はご存じ白味噌です。なじみのある家の味もいいのだけれど、一月の前半くらいは甘味処や料理屋さんで食べるのも楽しみです。湯葉がたっぷり入ったお雑煮、昨年は逃してしまって、一年越しに食べることができました。添えられた紅白なますが目にも舌にもよい箸休め。

花びら餅。正式には「御菱葩《おんひしはなびら》」といい、味噌餡とごぼうがやらかい求肥で包まれています。もとは宮中に出入りしていた菓子司さんのもので、それが裏千家の初釜で出されるようになって、ほかのお店でも作られるようになったそうです。実は苦手です。ごぼうの意味がわからへん。あと味噌餡もあんまり好きじゃないんです。と思っている人はほかにもいるようで、同様の話を小耳にはさむとちょっと心強い。でも、懐紙《かいし》でくるんで手で持って食べてよい（それが正式な食べ方）と聞いて、少し親しみを覚えました。

戌年ということで、かわいらしくなじみのある動物だからか、例年以上に各種お菓子もよく目にする気がします。特に和菓子は腕の見せどころという感じで、パッケージはいうまでもなく、犬の絵柄が入っていたり姿を模したお饅頭やお煎餅が豊富。なかにはもっと抽象化したものもあって、犬がそばにやってきて丸まるさまに見立てた「まる犬」という上生菓子にときめきました。白と茶色の羊羹の茶巾絞り（白餡入り）。これで、犬を、あらわしているのか。

一月六日はエピファニー、キリスト教の祝日ですが、ガレット・デ・ロワを食べる日としておなじみ。京都でもケーキ屋さんパン屋さんがこぞってそのお菓子を出しています。もちろん、本邦の一月七日は七草粥、一月十五日の小正月には小豆粥。小正月くらいまでは、門松やしめ縄、餅花などのお正月飾りがあちこちに。街を歩きながらすてきなあしらいを見るのも楽しいものです。

一月八日から十二日までは、ゑびす神社で十日ゑびすが。四条河原町のあたりでも「商売繁盛で笹もってこい」の声を耳にします。いつもは静かな神社の界隈が、この期間は大にぎわい。屋台もたくさん並びます。

一月九日は、泉涌寺《せんにゅうじ》の七福神めぐりへ。地元に住む方に聞いて、行ってみたかった行事です。いただいた笹を持って泉涌寺の塔頭を回って、七福神や小判や鶴亀などのおめでたいオーナメントを集めます。見事なエンターテインメント。全部回り終えると、いかにもご利益がありそうな華やかな笹になりました。要領がわかったので、来年はよりよい笹に仕上げてみたい。

さてそんな調子で、着々と一月の行事や風物詩をこなしています。毎年恒例みたいになっていることもあるし、そうでないこともある。初めてのことに怯《ひる》まず、厭《いと》わず、楽しめるように。繰り返しに飽かず、倦《う》まず、慈しめるように。ちょっと殊勝な気持ちになるのは、やっぱり年のはじまりだからかもしれません。どなたさまも、どうぞよい一年を。

行けたらうれしい

2018.2

なかなか行けない、だけど行きたい、お店があります。その理由が、家から遠いとか不便な場所にあるとかであれば、まだ気合いでなんとかなるのですが、そうではなくて、「あんまり開いてない」となると、ハードルはさらに高くなります。

たとえば週休四日のドーナツ屋さん・ひつじ、ケーキ屋さん・タンドレス。週休四日って週三日しか営業しはらへんのやろ、うらやましい……じゃなくて、なかなか行けなくてつらい、という話でした(もちろん、理由や事情があっての営業形態であるとわかっております)。

土日が定休日のお店も、なかなか行くことができません。

木曜ではない平日、お昼時に烏丸御池にいたら、とり安へ足が向きます。お店の外にお客さんが並んでいなければ運がいい。並んでいても、それほど待つことなく席へ。その日の気分で、親子丼かからあげ丼のどちらかを選びます。あらかじめかけられている山椒は優しさだと思う(イノダコーヒの砂糖とミルクのように)。

キュロットは土日がお休みでラストオーダーが二十時、しかも予約はできません。今日は早く帰れるぞ、というか、この日と決めて早めに仕事を終えて、がんばって向かいます。

住宅街にある民家めいたお店は、靴を脱いで上がってますますおうちみたい。干さんま定食やヒレカツ定食など多数の定食にも惹かれつつ、鶏とセロリのサラダ、ゴルゴンゾーラのペンネ、干鱈とじゃがいものグラタン、豚のリエットのオムレツ、フェイジョアーダ（スペアリブと豆の煮込み）、エビのマカロニグラタンなど、思い思いに頼みます。デザートは、イートンメスがあれば必ず食べたい。秋は栗の、春は苺の。

予約がいつもいっぱいのお店も、難易度が高いです。

みんな大好きコリスは、お料理もお店の方も店内の雰囲気もすばらしい。すべてのお皿が輝いていて、何度来たって感動します。お料理が運ばれてきたら拍手したりもする（これは比喩ではない）し、食べ終えたらスタンディングオベーションしたりもします（これは比喩）。「みんな大好き」と書いたのは伊達ではなくて、急に来られなくなった人がいても、ちょっとまわりに声をかければすぐに来てくれる人が見つかりますから。

行くたびに予約を取って（といっても次の予約は半年後）年に二回のお楽しみとなっているお店や、「空いてる日時を教えてください」と聞いて友人が席をもぎ取ってくれたお店。行けば、たしかにこれは、また来たくなる、と納得するのです。

「予約の取れなさ」がステイタスのようになってしまうのは何か違うと思うし、思い立ったらふらりと行けるよさも愛しているけれど、機会がかぎられるからこその特別感や高揚感は楽しいもの。

そのほか噂には聞きながらもいまだ行くことかなわないお店たち、いつ行けるんでしょうね。

月に一度、あるいは不定期開催のイベントなども。

ふだんはプロの人しか入れない中央卸売市場ですが、毎月第二土曜日に開かれる食彩市は別。場内の垂れ幕に書かれた「卸売市場につき小売いたしません」との市場長の宣言も、この日ばかりは無効です。

雲丹《うに》、雲子、蟹、鰤《ぶり》、穴子、白魚。今が盛りと冬の魚に、春の光を放つ魚。なぜか頭に浮かんでしまった「あわれ魚のモルグ街」というフレーズに反して、素人目にも新鮮でおいしそうとわかります。

さばかれたあとの肉色のたくさんの塊に見惚れてしまうこと。鮪《まぐろ》の小さな鰭《ひれ》が鮮やかな黄色であること。ほんのりと血で染まった氷を美しいと感じること。どれも初めて知りました。

友人たちとめいめいに食べたいものを買って、そのうちのひとりのお宅で宴会（ありがたい）。焼くだけ、炙るだけ、切るだけで大変なおいしさです。炊きたてごはんも日本酒も、つまりお米が進みます。

住宅街の奥にひっそりと隠れている一軒家で、時折開かれるパンとお菓子のお店があります。屋号はひのと。その隠れ具合は、そんじょそこらの「隠れ家」を標榜する店々が尻尾を巻いて逃げるほどではないでしょうか。いつ開くかはわかりません。場所も秘密で、人から人へ伝わることで辿り着くことができます。売り切れたら店じまい。数日前にオープンが告知されて、その日その時間、うまいこと行けたらラッキー。

お店の中は、行ったことのない国のような、それでいて懐かしいような、おだやかな空気が流れています。ある日のメニューは、ガトーバスク、シナモンロール、十穀パン、金柑とクリームチーズのケーキ、アンチョビとじゃがいものキッシュなどなど。こんなお店のあり方もおもしろいなと思います。

どんなお店だって一期一会で、縁で、タイミングなのだと思います。

今この街に住んでいること、この街で商いをはじめようと決めた人がいること、その営みが続けられていること、そのお店に行ってみようと思ったこと、あるいは偶然立ち寄ったこと、そこを好きになること。

たくさんの偶々《たまたま》といろいろなめぐりあわせが、きっとあるんでしょう。これから先も。

丹所千佳（たんじょ・ちか）

一九八三年、京都生まれ。編集者、会社員。高校までを京都で過ごし、大学時代と社会人生活で七年間の東京暮らしを経て、現在はふたたび京都で暮らす。「ＰＨＰスペシャル」「mille」編集長。

京をあつめて

二〇一八年六月三日　初版第一刷発行
二〇一八年七月二日　初版第二刷発行

著　者　丹所千佳

発行者　三島邦弘
発行所　株式会社ミシマ社
郵便番号　一五二―〇〇三五
東京都目黒区自由が丘二―六―一三
電話　〇三（三七二四）五六一六
FAX　〇三（三七二四）五六一八
e-mail　hatena@mishimasha.com
URL　http://www.mishimasha.com/
振替　〇〇一六〇―一―三七二九七六

本文写真　著者
ブックデザイン　名久井直子

印刷・製本　株式会社シナノ
組版　有限会社エヴリ・シンク

ISBN　978-4-909394-08-8